公共行政与公共管理
经　典　译　丛

“十三五”国家重点出版物出版规划项目

PUBLIC ADMINISTRATION AND PUBLIC MANAGEMENT CLASSICS
公 共 行 政 与 公 共 管 理 经 典 译 丛

政策分析八步法

（第三版）

［美］尤金 · 巴达克（Eugene Bardach）／著
谢明　肖燕　刘玮／译
谢明　刘月怡／校

A PRACTICAL GUIDE FOR POLICY ANALYSIS

THE EIGHTFOLD PATH TO MORE EFFECTIVE PROBLEM SOLVING

（THIRD EDITION）

中国人民大学出版社
· 北京 ·

总　　序

在当今社会，政府行政体系与市场体系成为控制社会、影响社会的最大的两股力量。理论研究和实践经验表明，政府公共行政与公共管理体系在创造和提升国家竞争优势方面具有不可替代的作用。一个民主的、负责任的、有能力的、高效率的、透明的政府行政管理体系，无论是对经济的发展还是对整个社会的可持续发展都是不可或缺的。

公共行政与公共管理作为一门学科，诞生于20世纪初发达的资本主义国家，现已有上百年的历史。在中国，公共行政与公共管理仍是一个正在发展中的新兴学科，公共行政与公共管理的教育也处在探索和发展阶段。我国公共行政与公共管理教育和学科的发展与繁荣，固然取决于多方面的努力，但一个重要的方面在于，我们要以开放的态度，了解、研究、学习和借鉴国外发达国家研究和实践的成果。另一方面，我国正在进行大规模的政府行政改革，致力于建立与社会主义市场经济相适应的公共行政与公共管理体制，这同样需要了解、研究、学习和借鉴发达国家在公共行政与公共管理方面的经验和教训。因此，无论是从我国公共行政与公共管理教育发展和学科建设的需要来看，还是从我国政府改革实践层面的需要来看，全面系统地引进公共行政与公共管理经典著作都是时代赋予我们的职责。

出于上述几方面的考虑，我们于世纪之交开启了大型丛书"公共行政与公共管理经典译丛"的翻译出版工作。自2001年9月本译丛首部著作《公共管理导论》出版以来，十几年间出版著作逾百种，影响了国内公共行政与公共管理领域无数的学习者和研究者，也得到了学界的广泛认可，先后被评为"十五""十一五""十二五""十三五"国家重点图书出版规划项目，成为国内公共行政与公共管理出版领域的知名品牌。

本译丛主要选取国际公共行政与公共管理学界代表性人物的代表性作品，并持续介绍学科发展的最新研究成果。总的来看，本译丛体现了三个特点：第一，系统性，基本涵盖了公共行政与公共管理学科的主要研究领域。第二，权威性，所选著作均是国外公共行政与公共管理大师或极具影响力的学者的代表作。第三，前沿性，反映了公共行政与公共管理研究领域最新的理论和学术主张。

在半个多世纪以前，公共行政大师罗伯特·达尔（Robert Dahl）在《公共行政学的三个问题》中曾这样讲道："从某一个国家的行政环境归纳出来的概论，不能立刻予以普遍化，或应用到另一个不同环境的行政管理上去。一个理论是否适用于另一个不同的场合，必须先把那个特殊场合加以研究之后才可以判定。”的确，在公共行政与公共管理领域，事实上并不存在放之四海而皆准的行政准则。立足于对中国特殊行政生态的了解，以开放的思想对待国际的经验，通过比较、鉴别和有选择的吸收，来发展中国自己的公共行政与公共管理理论，并积极致力于实践，探索具有中国特色的公共行政体制与公共管理模式，是中国公共行政与公共管理学科发展的现实选择。

本译丛的组织策划工作始于1999年底，我们成立了由国内外数十位知名专家学者组成的编辑委员会。当年10月，美国公共行政学会时任会长，同时也是本译丛编委的马克·霍哲教授访问中国行政管理学会，两国学会签署了交流合作协议，其中一项协议就是美国公共行政与公共管理领域著作在中国的翻译出版。2001年，中国行政管理学会时任会长郭济先生率团参加美国公共行政学会第61届年会，其间，两国学会签署了新的合作协议，并再次提及已经启动的美国公共行政与公共管理领域知名学者代表作品在中国的翻译出版。可以说，本译丛是中美两国行政管理（公共行政）学会与公共管理学术界的交流合作在新阶段的重要成果。

在译丛的组织策划和翻译出版过程中，中国人民大学政府管理与改革研究中心、国务院发展研究中心东方公共管理综合研究所给予了大力的支持和帮助。我国的一些留美学者和国内外有关方面的专家学者参与了外文原著的推荐工作。中国人民大学、北京大学、清华大学、中山大学、复旦大学、厦门大学、武汉大学等高校许多该领域的专家学者参与了本译丛的翻译工作。在此，谨向他们表示敬意和衷心的感谢。

“公共行政与公共管理经典译丛”编辑委员会

译者前言

尤金·巴达克（Eugene Bardach）是美国加州大学伯克利分校公共政策学院教授。他编写的这本《政策分析八步法》之所以受到广大读者的普遍欢迎，不仅是因为它很好地表现了政策分析的技术和艺术，突出了政策分析的基本功，而且是因为它浓缩了政策分析的理论精华，构建了一个经典的政策分析框架，将政策分析分解为八个具体的步骤，为政策制定者、政策分析者和政策专业的在校学生都提供了非常实用的政策分析工具。尤金·巴达克认为，政策分析大体应沿着这样一个思路进行：以定义问题开始，以对最后决定做出解释告终。但是需要牢记的是，分析工作并非线性过程，而是一个反复思考、不断反馈、想法改变、逐渐修正的过程，换句话讲，就是要在出发之前做好非线性的准备，虽有折返和重叠，却会持续向前。

第一步：定义问题（define the problem）

定义问题是政策分析的起点，对其他环节起着至关重要的作用：首先，它为政策分析的前期工作提供了一个理由；其次，也为将要进行的资料收集工作提供了一种方向性引导；再次，在政策分析的最后阶段，问题定义的最终版将会帮助构筑所要讲述的政策故事，即政策的前因后果、来龙去脉。

定义问题需要用“不足”与“过剩”的方式进行思考。例如：可以提出如下问题：

“美国有太多无家可归的人。”

“农业用水增长过快，超出了可接受的财政与环境成本下的供应能力。”

在定义问题时使用“太”这个字很有帮助，如“太大”“太小”“增长太慢”“增长太快”等。但应尽可能使问题具备某种定量特征，对“不足”或“过剩”都应有个数量的描述。“太大”是多大？“太小”是多小？“太慢”或“太快”呢？拿无家可归者来说，到底有多少人无家可归？不仅如此，定义问题还应包括诊断问题产生的条件。例如：“空气污染地区面临的问题之一就是政府相关部门未能积极督促司机改进发动机并将排气系统进行优化。”

第二步：收集资料（assemble some evidence）

进行政策分析时，绝大部分的时间会花费在两项活动上——思考和整理那些可能会成为证据的资料。相比整理而言，思考通常更为重要，但整理却会花费更多的时间，比如需要阅读文件，出入图书馆，仔细研读统计资料，进行走访与面谈，等待约见等。

收集资料主要有三种意图，这些意图都与对政策的预期有关。第一种意图是确定你正试图定义的问题的性质和程度。第二种意图是确定你正研究的政策情境的具体特征。第三种意图是评估那些仅被一部分人考虑的政策，这些政策都曾在不同的情境下发挥过有效的作用：或在与你所处的情境相似的情况下，或在其他的管辖权内，或在别的时间。

大多数资料的获得是有代价的，因此，你要在可能的代价与可能的价值之间进行权衡。为了少的价值付出大的代价是得不偿失的。

第三步：构建选项（construct the alternatives）

分析要有结果，谁都不会希望仍在评估两个或两个以上的备选方案，但在开始阶段，有必要把那些在分析过程中可能会考虑到的所有备选方案列一个清单。随后，抛弃那些明显不可行的方案，整合剩下的那些方案。所谓整合就是以一个或多个分类标准，根据方案间的一些差异，把它们重新整理到一个单一的“基础”方案中。这个基础方案与最初的清单相比，重点会表现得更为充分。

分析工作开始时应注意那些重要的政治领导人提出的建议或已经在他们头脑中考虑成型的行动方案。这种明显带有个人倾向性的观点或决策机构中那些成型的建议，特别是政治上被长期提倡和已经被包装的政策建议，对政策分析工作会产生重要的影响。要尝试突破这种定式，尝试推出创新方案。头脑风暴是一种有效的方法，利于产生创新性结果。

第四步：选择标准（select the criteria）

将所有政策故事均视为由两个相互联系且彼此独立的政策主线构成大有帮助，即分析性的政策主线和评估性的政策主线。前者涉及政策所有的事实要素及对结果客观公正的预测，而后者则是指价值判断。理想情况下，所有富有经验且思想开明的人都会或多或少地对政策本身的是非曲直及其本身所残存的不确定性达成一致意见。但从评估性的角度来说，情况就不是这样了，因为我们都期望社会哲学及自己的主观思想能够有更大的诉求空间。分析性政策会判断X、Y、Z是否会发生，而在评估性政策中我们考虑的则是X、Y、Z对社会是有利还是有害。

第五步：预测结果（project the outcomes）

对每一种备选方案都要预测可能的结果（或影响）。这些结果是利益相关方共同关注的焦点。从分析角度而言，预测是比较困难的一步，因为预测是面向未来，不是面向过去或现在。我们可以对过去和现在有所了解，但对未来会发生什么难以知晓。我们几乎永远不可能为未来会发生什么找到令人信服的确凿证据。虽然目前已有很多种预测方法可以采用，但却没有哪一种预测方法会绝对有效。换句话讲，无论使用何种方法进行预测，预测的作用也是很有限的，即使对那些经验丰富的政策分析人员而言，完美预测也只能是一种奢望。尽管面临一系列的挑战，但几乎没有人会认为可以不进行预测而只是等到事情发生时再采取行动，政策分析的一项重要使命就是要在预测政策结果方面做出系统的、有计划的努力，因为在现代民主社会，无论是单凭感觉行事还是机械死板地制定政策都极不可取，都会遭到来自各方面的激烈批评。

第六步：权衡得失（confront the trade-offs）

有时会出现这样的情况：一个审议中的方案，无论单独以什么样的评估标准进行衡量，都被期望能产生比其他备选方案更好的结果。在这种被称为“方案绝对优胜”的特殊情况下，当然就不会存在在备选方案之间权衡和取舍的问题了。但是通常我们并没有那么幸运，我们必须弄清方案之间的关系，并加以比较和权衡，这些结果对政策选择具有至关重要的影响。

最常见的是金钱与一定比例的公众所接受的商品或服务之间的权衡，例如每年20万美元的运营费用与将图书馆的闭馆时间由晚上八点延长至晚上十点之间的权衡。另一种常见的是（尤其是在监管性的政策中）私人负担成本（一个公司安装的污染处理设备的装置）与社会收益（改善受其影响的人口的健康状况并保护森林）之间的权衡。

第七步：做出决定（decide）

在整个八步法中，到这一步就可以检查一下你前面所做的工作究竟如何了。即使你本人并不是决策者，在这里你也要把自己当作决策者。然后，根据你自己的分析做出决定，如果你发现做这个决定有些困难或棘手，原因可能是你还没有彻底地弄清楚需要权衡的问题，或者你还没有充分地思考各种已出现的（或潜在的）执行中的问题，或者你对于一个至关重要的成本估计还并不确定甚至是模糊的，或者是你还没有足够细心地去估计某些重要的需求曲线的弹性，等等。

第八步：总结陈述（tell your story）

在定义问题、构建选项、选择标准、预测结果、权衡得失等步骤反复进行后，你就要准备告诉自己的受众事情的来龙去脉了。受众有可能是委托人，也有可能包括更大范围的利益团体与利害关系人。范围的扩大对分析人员来说可能并不是什么坏事。这类演说可能只有一次，也可能只是为获取长期支持而进行的初步演讲，后面还要经历很多次。

尤金·巴达克总结提炼的政策分析八步法，简单实用，为读者提供了一种进行政策分析的实用工具，能够引导学生去理解和分析真实世界中的公共政策，促进政策分析人员不断提升政策分析能力和水平。

《政策分析八步法》中译本的顺利出版是大家共同努力的结果。在本书翻译过程中，肖燕、刘玮、刘月怡做了大量的工作，付出了辛勤的努力。在本书出版过程中，中国人民大学出版社给予了大力支持和帮助，编辑们认真负责的工作态度令人印象深刻，在此一并表示感谢。最后需要申明的是，由于时间和水平所限，本书的翻译定有疏漏和错误之处，真诚希望广大读者提出批评意见。

谢明

2019年10月于北京

前　言

这是一本提供政策分析概念与方法的指导手册。在加州大学伯克利分校工作的30多年，我主要为古德曼公共政策学院一年级和二年级研究生讲授公共政策分析的专题课程，并致力于开发一般性的公共政策分析方法及具体的政策建议。本书所阐述的观点在手册编制初期已现雏形，并在课堂上讲授给我的学生。然而由于我的同事和我经常给学生布置超负荷的学习量，因而他们常常会略过某些章节——而这些章节恰是我认为必不可少的。基于此，我决定编辑这本学习讲义。这样一来，至少我履行了职责，剩下的就要靠学生自己把握，重新去获取他们先前遗漏的观点。这些年来，随着讲义内容不断增加，这本小册子开始在其他学校的同行中非正式地传播开来，并且被上传到华盛顿大学的“电子走廊”网络社区。本书就是对这些年讲义内容的汇编和多年实践经验的总结。

本书主要面向准备从事政策分析的人，比如古德曼学院的硕士研究生。当然，我发现这本手册具有广泛的适用性，对本科生的公共政策导论课程以及在职教育都很有帮助。

这本手册需要学习者熟悉一些基本的经济学概念，包括处理市场失灵（包含市场缺陷）。但这并不意味着本书要独立使用，实际运用时本书应当与政策分析领域内的优秀教科书等其他资料一同使用，本书也经常引用这些书的内容来说明一些观点，比如：Weimer and Vining 2004；Stokey and Zeckhauser 1978；Behn and Vaupel 1982；Friedman 2002；MacRae and Whittington 1997；Gupta 2001；and Morgan and Henrion 1990。

在新版中澄清了一些论述；更新了旧版的附录 C，新版“语义提示”具有强调实用性建议的特点。同时新版本还增加了两部分附录，为政策分析人员在制度和政治方面的分析工作提供更加实用的视角。

致　谢

我要向使用《政策分析八步法》的学生和朋友致以谢意，感谢他们的耐心和有益的建议，尤其是使用早期版本的读者。我要特别感谢以下人士：罗伯特·贝恩（Robert Behn）、桑福德·鲍里斯（Sandford Borins）、乔斯·卡内拉-卡乔（Jose Canela-Cacho）、汉克·登普希（Hank Dempsey）、戴维·德里（David Dery）、约翰·埃尔伍德（John Ellwood）、李·弗里德曼（Lee Friedman）、戴维·加西亚-琼科·麦查度（David Garcia-Junco Machado）、尼娜·戈德曼（Nina Goldman）、戴维·科伯（David Kirp）、杰克·拉文（Jake Lavin）、利奥·利文森（Leo Levenson）、马丁·A. 莱文（Martin A. Levin）、邓肯·麦克雷（Duncan MacRae）、萨拉·马克瑟（Sarah Marxer）、卡罗琳·马泽克（Carolyn Marzke）、约翰·门德洛夫（John Mendeloff）、史蒂文·佩奇（Steven Page）、埃里克·帕塔圣尼克（Eric Patashnik）、贝丽尔·雷丁（Beryl Radin）、安德烈斯·罗默（Andres Roemer）、拉里·罗森塔尔（Larry Rosenthal）、马克·萨冰（Mark Sabean）、尤金·斯莫伦斯基（Eugene Smolensky）、戴维·韦默（David Weimer）以及马克·泽根斯（Marc Zegans）。同时，我要对迈克尔·奥黑尔（Michael O’Hare）致以深深的谢意，他为本书做出了特别的贡献。

我要向新版的校阅人员表达感谢：艾伦·巴克曼（Allen Backman），萨斯喀彻温大学；斯蒂文·博尔达克（Steven Bolduc），明尼苏达州立大学摩海德分校；苏珊·德卢卡（Susan De Luca），俄亥俄州立大学；索帕尔·厄尔（Sophal Ear），海军研究生院；李·弗里斯切勒（Lee Fristchler），乔治·梅森大学；拉里·格里（Larry Geri），常青州立学院；马修·黑尔（Matthew

Hale），西藤山大学；布赖恩·体泽（Brian Heuser），范德堡大学；莱斯利·伦科夫斯基（Leslie Lenkowsky），印第安纳大学、普渡大学；克雷格·马瑟（Craig Mather），威斯康星大学奥什科什分校；约翰·奥斯特罗夫斯基（John Ostrowski），加州州立大学长滩分校；贝萨妮·斯蒂克（Bethany Stich），密西西比州立大学；奥尔佳·苏亚雷斯（Olga Suárez），加州州立大学圣伯纳迪诺分校。同时需要感谢的还有查里斯·基诺（Charisse Kiino），埃莉斯·弗雷泽（Elise Frasier），艾利森·麦凯（Allison McKay）以及 CQ 出版社的斯蒂芬妮·盖亚兹（Stephanie Guyaz），他们为本书的出版做出了不懈的努力，我要感谢凯瑟琳·米勒（Katharine Miller）对本书的编辑所提出的中肯建议。

我要向萨沙·多布罗沃尔斯基（Sasha Dobrovolsky）致以特别的谢意，萨沙是我 1991 年公共政策 101 班的本科生，他是一个拥有非同寻常天赋的杰出创业型人才，他曾对我说："教授，您发给我们的讲义如此出色，要是能将它编辑出版就最好不过了，我毕业后将创办自己的出版社，准备将您的书作为我出版的第一本书。"我回答道："萨沙，你太疯狂了，这想法对我而言确实很棒，但我无法承担出版这本书所造成的财务损失，你要自己承担。"萨沙践行了他的承诺，只是他的出版公司——伯克利学术出版社未能持久经营，但他又在别的领域取得了巨大成功。在本书的较早版本中我不可思议地遗漏了对萨沙的感谢，希望此时补上为时未晚。

目　录

导　　论

政策分析是一项社会活动，同时也是一项政治活动。毫无疑问，政策分析人员为确保政策分析的质量负有道义和知识方面的责任。然而，政策分析的范围远远超出个人决策范畴。首先，政策分析的主体涉及所辖区域内大量市民的生活和福祉。其次，政策分析的过程和结果通常关系到其他专业领域和利益团体：政策分析往往以小组或办公室的形式进行；直接的服务对象则是某种“客户”，比如行政长官；最终受众包括多样化的团体，这些团体在政治上对政策分析持有支持或反对的态度。所有这些因素决定了政策分析的性质，并影响了关于何为“质量工作”的界定。

政策分析人员在多方面发挥作用。以前，政策分析人员往往由供职于大型政府官僚机构的学者担任，他们对备选方案可能带来的影响进行评估，为主管计划事宜的副长官提供非常专业的备选方案。这种情况已一去不复返。如今，政策分析人员在计划、预算、项目评估、项目设计、项目管理、公共关系及其他功能领域均广泛发挥作用。他们工作时或单独，或组成团队，或在组织内结成松散的网状体系。他们工作的范围涵盖公共领域、非营利组织以及营利性组织。尽管在理想化的情境中，这些不同领域工作的范围在透明度的实现方法和界定上都有区别，但政策分析人员在坚持价值中立的基本思想的同时，也准确表达了政策倡议团体的价值观念与政策热忱。他们工作的这种专业化网络可能（而且大多数情况也确实）由法律、管理、核算等不同领域的同事组成。在这些情况下，政策分析需要努力权衡协调甚至综合统筹各方的利益和观点。政策分析工作的典型成果是书面报告，其他形式的工作成果也可能包括简报、幻灯片、杂志文章、电视采访等。这些研究成果的受众可能很广泛，也可能仅仅局限于付费的客户或研究赞助者。

这本手册中的建议面向实践工作中的政策分析人员，同时也面向学生以及那些基于各种原因正在试图以实践者的眼光洞察世界的人。

八步法

政策分析是一门科学，更是一门艺术。直觉判断和方法运用对政策分析而言是同等重要的两种工具。然而，如果给初学者两个选择，一个是结构化的问题解决程序，一个是非结构化的，他们一定更乐意选择前者。因此，我们开发了以下被称作八步法的问题解决方法：

- 定义问题
- 收集资料
- 构建选项
- 选择标准
- 预测结果
- 权衡得失
- 做出决定
- 总结陈述

这些步骤并不一定要严格按顺序进行，在解决不同的问题时也并非都会有效。不过，尝试定义问题通常是政策分析的正确起点，解释原因也必然是其终点。同时为进行有效评估，构建选项和选择标准也必须紧接着在此流程开始后进行。事实上，收集资料的过程反复多次，并贯穿整个分析过程，尤其在定义问题和预测结果时作用更为明显。

这种结构性方法的主要作用在于提示重要的任务以及容易遗忘的选择。其主要缺点在于这种方法本身较为机械。

问题解决流程

问题解决流程是一个反复尝试的过程，因此你通常必须重复这些步骤。

在实施这些步骤的时候，尤其是项目的早期阶段，你需要持高度的怀疑态度。随着问题解决流程的推进，你可能会不断变更问题的定义、选项的目录、评估标准体系以及对问题相关证据的看法。就在每一个不间断的反复推敲中，你将越来越自信地觉得自己正走在一条正确的道路上。换句话讲，你确信自己已经聚焦了正确的问题，诸如此类。政策分析的过程可能让人沮丧，而一旦你学会了如何享受探索、发现和创造的乐趣，这将变成一个能够带来回报的过程。

部分指南具有实用性，但绝大部分还是概念化的。书中的大部分概念比较容易理解，但也有一些例外。一是有时候会采用术语。二是一些常识性词语在特定情况下被赋予了特殊的含义。然而，在大多数情况下，所有概念都可以借助经验和实践加以理解。

概念通常可以嵌入具体的个例。在现实生活中，政策问题以大量令人困惑的细节展现：个性、利益集团、辞令需求、预算图、法律条文和解释、官僚程序、市民意见等等。而且本手册中用到的概念在摘要中已经做了说明。你要做的就是学会在日常生活的具体表现中“洞察”这些概念的含义。

注意：有时一些步骤是既定的。设想你的客户提出：“在下一个年度预算里我们需要增加一百万美元来运行该项目，有办法吗？”此类“分析”中八步法是否依然能发挥有限的作用呢？实际上客户已经定义了问题，而且非常严格地压缩了相关的标准。一旦进行这类分析，也就意味着在这些分析步骤中你没有太多的创新余地。但所有的其他步骤却可能存在相关性。

这种“发现办法”的简单挑战只是“设计方案”这种复杂挑战的一个简化版本，正如字面上的区别，其关键在于“设计”，比如“设计一种使地铁系统免遭恐怖袭击的方案”。尽管后续步骤可以发挥主观能动性，但“定义问题”这项工作客户已经完成。处理设计问题的思路主要是在第三步——“构建选项”部分进行介绍。

最终成果

最终成果会是怎样的呢？以下是一个典型的书面政策分析报告的大体框架：

- 进行连贯的叙述，描述那些需要缓解或解决的问题。

- 罗列可能采取的一些行动方案。
- 为每一项行动方案赋予一组你认为客户或受众关心的预期结果，并给出提出这种预期结果的相关解释。
- 如果根据所有涉及利害关系的评估标准没有选项能够突出于其他选项，你就需要对不同政策选项中隐含的得失做出性质与程度的判断。
- 根据客户的要求，你可以就可选方案提出自己的建议。

八步法的精神

如我预期，八步法的精神在于提高效率和振奋精神。分析公共政策问题是一项复杂的活动，很容易迷失方向，造成时间的浪费，影响士气。政策分析的其他手册和教科书在某种意义上主要聚焦于什么是“正确”的分析。尽管本书在这些方面也能发挥同等作用，但我更希望它能帮助你减少彷徨，有效完成分析任务。

政策分析发源于政治学，它最终也将回归政治学。政治生活具有两面性：疏导冲突和构建共同体。政策分析就是要服务于这两个层面。疏导冲突需要通过展示一些建议在某种程度上优于其他建议，进而论证其胜出的合理性。而构建共同体则是通过识别潜在共同空间（一致意见）来加以实现。在理性对话的规则和惯例指引下，一致意见得以达成。在这个过程中，反对者可能利用分析程序解决分歧，或者发掘出一些看似不可简化的价值冲突，并将其转化为技术性分歧——政策 A 比政策 B 有更大的可能缓解问题 P。

本书概要

本书分为三个部分。第一部分为主干，主要描述了八步法的内容，同时推荐了帮助你灵活运用这个方法的启发性方法。

第二部分集中分析了八步法的一个特别步骤：收集资料。这方面的内容首先出现在 35 年前的一篇期刊文章，之后我不断进行修改，努力使其在风格和内容上都能与本书更好地融为一体。之所以将其列入，是因为在我看来它的目标与社会科学和新闻工作领域的许多规划工作不同，它不是聚焦于数据收集和解读，而是把主要关注点放在研究人员如何更有效地利用自己的时间和精力上。

第三部分则强调了政策分析中一项在处理其他工作时一般不会涉及的话

题：利用创意和其他地方发现过的“巧妙的实践”。模仿和适应是其他生命进化（虽然有时是退化）的标准路径，政策分析也不例外。

在本书的先前版本中，第三个附录对“语义提示”做了总结。如此，读者在发现政策分析八步法中存在许多语义陷阱时就不会感到意外，可是当发现政策分析的过程中存在许多语义骗招时，他们难免还是会惊讶。识别陷阱和骗招的技巧有助于了解贯穿全书的内容，这些实用的建议放在了三个部分的开头，用一种新的图标标记在文中加以区分，因此没有在本书中再列出单独附录。

附录A是兰德公司研究人员所做的一项关于对毒贩增加最低刑期相对价值的深度研究的序言和概括。我之所以要编写这一材料，主要是为了响应许多老师和学生的呼吁：他们希望能引进高质量的真实政策分析样本，并增加最能突出其特征的相关评论。兰德公司虽然不是世界上最老牌的政策研究组织，但就美国而言，其发展历史可谓悠久，是老字号的政策研究机构。它最早服务于军事部门，后逐渐转向研究国内政策。它拥有成本-效益分析的传统，极其擅长样本分析。

为何选这些特定的样本？并非觉得报告得出的结论必定正确，对于毒品政策领域的事我还没有熟悉到可以妄加评论的地步。而这一领域内有许多备受人们尊敬的研究专家。这里所选的内容正好突出了政策分析的第五步“预测结果”，这一步也是我认为最难的一步，主要是因为预期未来包含太多的不确定性。而所选的样本恰是以一种有趣的方式来平衡这种不确定性。当然，定义选项也需要创造性的方法，目的是清晰地说明如何严格地将分析工作与普遍存在于民主多元社会中关于价值分歧的大范围政策讨论融为一体。

附录B，“政府事务清单”是一项浓缩11种政府对社会进行干预所用工具的调查。新版中还增加了附录C“理解公共和非营利组织：问正确的问题”，以及附录D“政治支持动态领域的策略建议”。

我努力使本书简洁精练，然而本书主题复杂且覆盖面广，其结果是书中的某些方面并不是非常简洁。我的学生告诉我不应只将这本书定位于快速和愉悦的读物（当然，它的确也是），还应当把它视为一本应反复体会其精妙之处的参考书。无疑，学生们说的是对的。

第 *1* 章

八步法

解决问题的分析工作大体沿着这样一个方向进行：以定义问题为起点，紧接着做出决定，最后解释决定。但是请记住，分析工作是一个反复推敲、再三回顾、改变主意的过程——换言之，在继续出发之前你必须折回原路，重来一次。而且，在某些情况下，委托人或政治形势已将分析任务限定并集中在一定范围，因此你不必去费心考虑所有的细节。以下列出一些一般性的分析步骤，它们必定适用于某种特定情境。

1.1 第一步：定义问题

首先进行的问题定义是至关重要的一步：定义问题解释了为完成计划所做的前期工作的必要性，也为资料收集工作提供一种方向性引导。在政策分析的最后阶段，最终的问题定义可能会帮助你构思如何解释原因。

用“不足”与“过剩”的范式思考

【语义提示】用这种方式进行思考常常（但不总是）很奏效。例如：

- “美国有太多无家可归的人。”
- “农业用水增长过快，超出了可接受的财政与环境成本下的供应能力。”
- “加利福尼亚州的学龄儿童以每年新增 14 万人的速度增长，而与之配套的教学硬件设施的发展远远达不到这个速度。”

在定义问题时使用“太”这个字很有帮助，如“太大”“太小”“增长太慢”“增长太快”等。后两个短语（关于“增长”）提醒我们：有些问题之所以引起我们的注意并不是因为它现在一定存在，而是将来（至少有这种可能）会发生——不论这种将来近在咫尺还是遥不可期。

然而，当问题本身结构良好、可直接用作决策选项时，则不宜用“不足”与“过剩”的方式思考。例如，“将淤塞的废物倾倒在海湾或太平洋以外的某处”。如果你试图挑战用其他方法来完成设定目标，那么这种思维模式同样无益。例如，“寻找一些可用作弥补收支预期空缺的补助资金”，这类决策型或称为开创型的问题是政策分析人员经常遇到的，但这并不是我想在这里主要强调的。

使定义可评估化

记住，所谓的“问题”通常是人们认为社会出现某种差错，但是请注意“差错”又是一个颇具争议的词。并非每个人都赞同你（或别人）定义的某个问题确实是一个问题，因为不同的人定义问题运用的评价体系是不同的。遗憾的是，目前尚未出现一种明确或被普遍接受的方法来解决这一哲学悖论。

另一个兼具哲学性和现实性的问题是：“何种私人问题可能会演变成公共问题，从而具备寻求公共资源对其进行改良的合法性基础?”“市场失灵”的视角通常可用来透视时势①。简言之，当商品或服务出现以下任何一种特征，市场失灵就会发生：

---

① 泽布和麦柯迪运用交易成本分析了大多数传统的市场失灵（Zerbe and McCurdy 1999），并且强调除政府采取的措施之外的一系列补救市场失灵的干预手段。

● 难以让所有的潜在受益者付费。例如，大多数人（尽管并不直接）可以从基础科学的进步中获益。

● 难以让受益者为使用商品或服务的实际成本买单。例如，车辆使用者直接向大气排放汽车尾气。

● 难以让消费者（有时是供应者）了解他们所购买商品或服务的真实品质。例如很多修护型服务，包括医生的工作和汽车修理工的工作。

● 边际单位成本低于相关需求领域的平均成本。例如，通过互联网进行传播的杂志文章。

这一点再怎么被高估都不过分，即在大部分（虽然不是全部）情况下，是否存在市场失灵并没有被真正认定，因而也就不能指望通过政府善意的干预去解决人们的个别问题。而且即便可以这样做，也通常会有许多负面效应。不过，在某些情况下，仍然有必要为这些副作用买单，但这需要仔细谨慎地进行核算。

除市场失灵以外，主要还有以下情形可以使个别性的问题转变成社会性问题：

● 发生于市场之外的大规模的体系瓦解，如家庭关系的解体。

● 在市场运行良好情况下，没有对那些缺乏市场才能和技巧的人进行扶持，导致处于低生活水平者明显增多。

● 存在种族歧视与少数民族歧视的现象。

● 在政府一贯可以发挥作用的领域（如公共教育）出现政府失灵。

运用“问题辞令”(issue rhetoric)。一般而言，对原始问题进行评估所用的第一手资料来源于委托人，我们通常把这种委托人在其所处的政治环境下经过争辩和讨论后形成的语言称为“问题辞令”。这种辞令可能会狭隘地限定于一个类似的技术上的问题，也可能大范围地定位于广泛的社会利益的争议。不论哪种情况，你都必须以一种超越的思维方式进行问题定义，使其具有可分析性并能够通过政治与制度手段使之得到改善。

谨慎利用此类第一手资料。它经常会触及人们不喜欢或认为“很糟的”那些领域，如“青少年怀孕”、“媒体暴力”或“全球变暖”。这些问题不必仅从其表面价值做出评估。有时你需要探究其哲学与经验依据，以使你与你的委托人及最终的受众考虑是否应该重视这些所谓的“很糟的”问题。而且，“问题辞令”也有可能会断言某一困境产生的原因（但并不一定真实），例如“福利”或“人为的浪费”。

“问题辞令”经常带有一种派系或意识形态倾向。尽管美国正逐渐聚合为一个意识形态多元与实用主义至上的中心，但“问题辞令”来源于那些更为激昂而且能言善辩甚至爱走极端的人。在多数发达的民主政体中，意识形态的巨大分歧主要在于人们更加相信政府的协助和规范作用，而不是倚赖自身、亲眷以及邻居。“自力更生”通常被认为只是一种理想，但它也是一种可辩驳的假设。“自由的问题辞令”提供了多种可辩驳的假设，通常涉及对“市场”的不信任，仅有部分辩驳是基于对市场有效或无效的现实理解。有时“保守的问题辞令”会为市场进行轻率的辩护，而在受惠的利益集团寻求对自身有利的保护性立法时，它却保持沉默。因为政府是解决个别或公共问题的主要社会性公共组织，所以，无论是自由主义还是保守主义都毫不吝啬地对政府的胜任力与可信度深表认可，然而自由主义与保守主义围绕相关观点也做了很多争论。

源自“问题辞令”的概括仅仅在有些时候才能够解决政策选择与政策设计的具体问题。例如，尽管市场失灵和市场不完善的经济理论经常提醒我们不要依赖市场，或政府失灵的公共选择理论也经常告诫我们何时不要依赖政府（Weimer and Vining 2004；Glazer and Rothenberg 2001）。政策分析通常基于“福利最大化”的常规标准以及关于不同机构（它们以不同的目标为己任）相对优势的社会科学理论，进而将所有的政治意识形态联结起来。因此，定义问题不能局限于对“问题辞令”的重复，我们应将其视为对定义问题大有帮助的第一手资料加以利用。

还应注意：问题标签下的问题可能并不单一，这取决于看问题的视角因人而异。例如，在一些人看来，“青少年怀孕”可能暗示了以下某种（或全部）情况：性不道德，年轻人自身颓废以及对他们孩子的生存机会的侵害，对纳税人的剥削，或社会的退化。通常，保证分析工作顺利进行需要确定一个中心问题。当然，如果问题不太复杂，也可对问题进行多重定义。

尽可能量化

定义问题时，应尽可能使问题具备某种定量特征。对“不足”或“过剩”都应有个数量的描述。“太大”是多大？“太小”是多小？“太慢”或“太快”呢？再拿无家可归者来说，美国到底有多少人无家可归？或是农业用水的例子：目前用了多少水？相比之下，未来某个特定年份的用水需求情况如何变化（假设水价是确定的）？“硬件设施的发展能力”到底怎样？随着时间推移，如何预测这种能力是提升还是下降？

如有必要，收集一些信息以便对这一具体的“程度”进行校准。（参见第二部分“收集资料”中的相关内容。）

许多时候，甚至是多数情况，你不得不对问题中相关变量的大小做出估计（或者更可能的是“猜测”）。有时则需要设定一个区间和一个特定值来评估这个变量的大小，例如，“虽然无家可归的人实际上在 10 万到 40 万之间，但我们最合理的猜测是 25 万”。

诊断问题产生的条件

虽然一些问题的条件可能尚未对公众造成困扰，但已经被公众或分析人员察觉。有时诊断一下这种类型的问题条件并将其作为有待解决或缓解的问题是有非常有益的。例如：“空气污染地区面临的问题之一就是政府相关部门未能积极督促司机改进发动机并将排气系统进行优化。”

【语义提示】注意，这类问题的定义兼具描述性和诊断性。它可能暗含着这样一种论调：有些条件，尽管人们可能没有发现它本身存在问题，但它却是制造其他麻烦的原因。具有这种诊断能力的问题定义是很有益的，但有时却并不可靠。毕竟，这种因果关系的诊断可能是错误的或有误导性的。例如，州政府对推行“车辆维修规定”的不力，事实上可能并非是造成空气污染的主要原因。因为在有些情况下，“定义”可能意味着合法专制（我将“正义”定义为……），暗含在诊断性的问题定义中的因果关系很容易避开了应有的审视。（进一步的讨论见“第五步：预测结果”。）

识别潜在的机会

有一类问题比较特殊，容易出现“机会遗漏”。仅把政策分析看作是对“问题”的改善是不是有点眼光狭隘？政策分析是否永远无法超越单调而令人压抑的改良式修补？难道我们不能打造一个可以确定机会以便进行创新（且不说精彩）工作的世界？“直到彻底损坏才进行修补”是一种自缚手脚的想法，政策分析人员、政策制定者以及公共管理者绝对不能只将问题的关注点集中于探寻似是而非的机会条件上。然而遗憾的是，大部分政策机构充斥着抱怨、威胁、担忧和麻烦，没人意识到思考如何改善境况的必要性，因而只抽出少量时间或精力来应付。如果潜在的机会就在身边却仍被忽略，那就更让人遗憾了。

如果一开始的抱怨、威胁、麻烦等未能识别这些潜在的机会，我们又该如何发掘它们并进行创造性的政策改善？无论在学术领域还是技术范畴，几乎没有理论可以回答此问题，但是专栏 1－1 给出了一些建议。

专栏 1-1

一些容易被忽略的可改善社会的机会

研究实施的策略。通过排序、定时、区分优先性、匹配、聚合，或其他合理布局，利用既定资源便可达到更高的生产率。例如，假设交通流量固定不变，设置专用的高载量交通车道就能实现车流量的最大化。

基于成本的定价。通过调整价格与实际成本之间的差距，产生一个更贴近现实情况的价格，为增进社会福利创造机会。例如，征收交通税、取消高峰期用电的交叉补贴、解除租金管制。

个人抱负的副产品。通过构建新的个人优势或自我满意的激励和机遇以间接增进社会效益同样可行——例如，与公职人员共享由他们构想和执行的降低成本的新方法所带来的收益。

互补性。可以将两个或更多行动进行整合，这样单独一项行动可以使其他行动变得更有成效——例如，增加公共建设工程与应对失业。

投入替代。在现有生产过程中，通过用较低成本的替代投入来产生大致相同的结果，社会中大量存在这样的机会条件——例如，通过雇佣低工资的文官（而不是成本昂贵的军官）担任警察机关的文员工作。

发展。利用发展来推动行动或执行的进程——例如，考虑客户福祉，帮助他们在找工作之前（而不是之后）确定其受聘价值和职业兴趣。

交换。很多可用来提高社会价值的交换的可能性尚未被人们发掘。通常，我们运用类似市场的模拟安排来进行政策设计——例如，污染许可拍卖、向提供服务的机构提供补偿。

多重功能。应该这样设计一个系统：尽量使其某个特征至少发挥两项功能——例如，税收管理人员执行工作时可运用如下方式：它既可震慑潜在违规者，又能确保守法者避免因自身的诚实正直而轻易受骗。

非传统参与者。公共部门的一线雇员，连同其顾客、委托人或其管辖的第三方机构，通常具备大量潜在可利用的知识，其可用以改善项目，并能与机构政策和运转结合起来。例如，美国国税局通过普通税收文件编档员的反馈来研究联邦税收改革。

未被充分利用的能力。出于相对有限的目的，很多社区的学校设施仅在一天的某个时段或者一年的某些时机才得到利用。于是学校官员经常提醒：不影响学校功能的情况下开发利用这种能力并不那么容易。

避免定义问题的常见陷阱

定义问题至少存在两处危险的陷阱。

【语义提示】把解决办法定义在“问题”中。定义问题切忌因语义疏忽而笼统囊括暗含的解决办法。预测的解决办法应该通过经验性评估，并非仅凭定义问题就能使之“合法化”。因此，定义问题应该仅限于对问题的描述，而解决方案则留给后面的步骤。

- 应避免这样的表述：“为无家可归者提供的住所太少。”这就有意无意地暗示自己只有“更多的住所”才是最佳解决方案，这将妨碍你对如何“使他们避免无家可归”的思考，而这才是首先应解决的问题。试着这样表述：“有太多的人是无家可归的”。

- 应避免这样的表述：“新学校建得太慢了。”仅仅认为“更多学校”才是解决办法会妨碍你思考如何才能更有效地利用现有的设施。试着这样表述：“相对于目前可用的教室空间，学生们显得太拥挤了。”

当你可能会把暗含的解决办法包括到对问题的定义中时，一种顿悟是你会突然提醒自己：“啊，但这并不是问题所在；真正的问题是……”尽管有很多更好或更差的解决问题或对其进行概念化的方法，但过多地强调“问题应该是……而不是……”并没有多大用处。

在诊断性问题定义中，太容易接受一些因果关系的暗示。之前我说过，引起问题的原因也许本身就是一个问题。然而，这种原因必须是真实的而不能仅凭假定。你必须对因果链进行评估，因果链会从情势本身一直延伸到它所引起的负效应；并且你还要确信因果关系是真实存在的。例如，对某些人来说“吸食可卡因”本身并不是问题，但如果它导致了犯罪、身体不适、家庭破碎等，那么它就成了问题。但是它导致这些结果了吗？或导致的程度怎样？在你决定着手处理与“过量吸食可卡因”有关的问题之前，应先仔细地回答一下这个问题。

反　复

定义问题这一步至关重要。但由于问题很难弄清楚，你也许会反复纠缠于这一步。而且随着分析工作的进行，你的经验以及概念认知也逐渐发展变化。例如，也许你一开始认为主要问题是“我们的城市存在太多精神病人教习所”，但到最后你才发现主要问题应是"这些教习所的管理过于糟糕"①。并且，由于你一开始将一种选择排除在问题解决办法之外，因此你便会定式化地对问题进行定义，以便于在最后的时候你以及政治系统能成功处理这个问题。最后，如果你是在办公室或机构中工作，你还要无保留地与你的同事及上级反复磋商，以达成一个彼此都能接受的问题定义②。

1.2　第二步：收集资料

进行政策分析时，你所有的时间都会花费在下列两项活动上：思考（单独思考或与他人讨论）并整理那些可能会成为证据的资料。其中，思考通常来说更为重要，虽然整理资料花费的时间更多，比如需要阅读文件，出入图书馆，仔细研读统计资料，进行走访与面谈，等待约见等。

对于一个严谨的学术研究者而言，现实中很难为他提供足够的时间使其进行充分的研究。事实上，作为高质量政策分析工作的敌人，时间压力的危险性不亚于政治上有预谋的偏见所带来的危害。因此，简化资料收集活动至关重要。其关键在于：尽量只收集那些可以转变为"信息"的数据，这些"信息"相应地又转换为"证据"，而这些"证据"和问题是紧密相关的。

【语义提示】从逻辑上来讲，以下词语的定义应为：数据，即关于这个世界的事实，或者可以说是对事实的描述。数据包括所有形式的统计，但又远远超出统计的范畴。数据还包括诸如公司经理人积极应对压力的能力方面的事实。信息是由有意义的数据组成的，即它们可以帮助你将世界按逻辑范畴或经验范畴分成不同种类。"五国吸烟行为的流行情况"属于数据，只有认定这五国吸烟行为的流行分布具有可比性，数据才转变为信息（例如，将流行程度按从最低到最高进行排序）。而资料是指那些影响重要人物（包括你自己）的既定信念的信息，它涉及研究问题的明显特征以及如何解决或缓解问题。例如，吸烟流行程度的差异可以作为一种假设来解释不同国家对个人健康不同的关注程度。

收集资料主要有三种意图，这些意图都与对政策可能产生的结果做出现实

---

① 这些事就发生于加州大学伯克利分校古德曼学院的一组毕业生身上，他们的委托人是奥克兰警察局。当时很多学生试图努力摆脱委托人对他们的初始假设，但最终还是接受了管理并将心思重新放在了学习上。

② 另外，一些分析者认为以那些无法被改善的条件来定义"问题"是很不值得的："问题最好应被视为可以改善的机会；被定义的问题，即在备选方案之间进行的问题选择意味着可以意识到一个既定的机会条件。问题定义应该是一个研究、创造，并对观点进行审视以寻求解决途径直到达成一个问题选择的过程。" See Dery 1984，27.

推测这一目标有关。第一种意图是确定你正试图定义的问题的性质和程度。第二种意图是确定你正研究的政策情境的具体特征。例如，你可能需要了解或推测机构工作量、近期的预算数字、某服务行业的统计变化、某机构长官的政治意识形态、机构的中层管理者胜任工作的能力，或者与你就某一问题在名义上合作的其他机构的态度等。第三种意图是评估那些仅被一部分人考虑的政策，这些政策都曾在不同的情境下发挥过有效的作用：或在与你所处的情境相似的情况下，或在其他的管辖权内，或在别的时间。[这些情境有时进行统计上的评估，有时不是，具体参看第三部分"'巧妙的（最好的）实践'研究"：理解并利用来自其他领域的好方法。]

由于每一个意图在政策分析过程中都很显著，"收集资料"这一步在八步法中会多次应用，并且每一次都会有其不同的关注点。

收集资料前预先思考

思考和收集资料是两项相辅相成的活动：如果不断思考需要或不需要（或想要或不想要）知道哪些内容及其原因，就能成为一个更为高效的数据收集者。无论初学者还是老手都会犯一个极其普遍的错误：花上大量的时间收集数据，而这些数据很少或者根本没有潜质形成你所真正需要的资料。之所以会这样是因为东奔西跑收集证据看上去或感觉上会很有成就感，而前期的思考活动却很艰难并且令人沮丧。而且，当付给你薪酬的人们看到你忙于收集数据时，他们会感到很放心，认为这些钱花得很值。

资料的价值。大多数资料的获得是有代价的，因此，你要在可能的代价与可能的价值之间进行权衡。如何评估可能的价值呢？答案可能是把它们放进一个决策-分析框架（决策树）中，而你应该谨记在做出实际选择之前的决策过程涉及很多因素，如定义一个有用的问题，想出更好的解决方案，选择一个有用的模型。大体上，任何一条证据的价值都取决于以下因素：

- 它可能会让你用更好的决定来代替没有它你可能做出的任何决定（这本身可能是一个"可以接受的"决定）。
- 被替代决策直接或间接产生比原决策更好的政策结果的可能性。
- 预期改善结果与最初结果之间价值差异的重要性。

有根据的推测的效用。令人惊讶的是，仅靠坐着思考却不收集信息就能很好地做出一些有依据的推测。根据这样的推测行事并不可耻，它能为那些真正需要资料的问题节约出收集数据的时间和精力（参见第二部分"收集资料"）。

对你的想法进行有益的检查，从而避免收集无用数据的一个有效办法是：在收集资料之前对自己提出以下问题：

- “假如一些数据和另一些数据看起来恰恰相反，这对我如何解决这个问题有什么启示呢？”
- “相比我对得到这些数据的最好预期，我费尽心力得到它们会有多大不同？”
- “在多大程度上值得我去确定我对这个世界的猜测与我得到数据之后对这个世界的了解这两者之间的实际差异？”

正是对这种昂贵的数据收集活动的批判性态度，才使得那些富有经验的优秀政策分析者快速做出各种判断。然而，这种推理并不能作为由于需要花费大量时间和金钱而放弃收集有用证据的借口。当你确信你的投资会有回报的时候，你完全可以这样做，因为，合理的推测与不合理的推测是存在明显差异的。

查阅现有文献

很少存在那种在学术圈和专业圈的研究中还没有涉及的问题、原因和解决办法。我们很容易查阅期刊和各种公开出版的研究结论、理论、案例、阅历丰富的实践者的思考成果等。借助互联网的便利，很多此类著作会摆在你的眼前。

一些政策倡议机构经常大量出版一些趣味性著作，并可能会不遗余力地在互联网上宣传其成果。然而，一般而言，由于这种分析活动建立在鼓吹的基础上，其可靠性不如那些更公正的学术著作。这些资料太容易获得，过分依赖它们是危险的。

审视“最好的实践”

有些时候研究的问题并非独一无二，或者说其他管辖权内的政策制定者和公共管理者所面对的问题和你面对的问题并无多大差别，而他们已经用某种方法解决了这个问题。观察是否可以追溯以前那些解决问题的办法，并将它们延伸外推到你所研究的情境当中。然而，需要记住的是，这种延伸与外推的过程十分复杂［参见第三部分“‘巧妙的（最好的）实践’研究”］。

运用类比

有时候收集这类数据是有益的：它们看起来与研究的问题不太相关，但在一个更深的层面上，却带有某种启发式的相似性。例如，通过观察私人领域内类似的计划如何运作，也许就能进一步理解公共领域中为了补偿管理者而实施的记功付酬计划该如何改善。或者，如果你正致力于研究一个州是如何规范或取消无能律师的律师资格的问题，那么花时间研究一下医疗机构是如何处理无能的医生就是一个不错的参考。如果你正试图缓和街区民众对建造低薪阶层的住房计划的抵制情绪，那么查阅有关抵制焚烧固体垃圾的相关资料也会很有帮助。

正如这些例子所提议的，某些类比会比另一些更容易观察且更有意义。发现一个有启发性的类比需要想象力，偶尔也需要做一些大胆的尝试去说服其他人认识到它的益处和不可避免的局限性。

尽早开始

通常你需要根据别人紧张的日程安排来制订自己的计划，这样才能获得你想要的信息和访谈的机会。对于信息的获取尤其是访谈活动而言，在进行数据收集之前，向他们提出索取资料的要求极为重要。（有关如何进行文献综述、图书馆检索、电话采访和个人内部意见的有用描述，参阅 Weimer and Vining 2004，chap. 13；也可参阅第二部分“收集资料”）。

建立联系、赢得信任、达成共识

收集资料的过程不可避免地带有一些政治性的目的，而非单纯的分析性工作。有时，有必要去和那些可能对你的工作提出批评的人进行交流，这样他们日后就不会因为你忽视了他们的看法而抱怨。相反，让潜在的支持者了解你的工作，就可能会建立起一个捍卫自己工作的保护基地。

一个更为复杂的目标是适时在执行过程中将政策分析与政策观念或决策的改善加以结合（见后续关于将“可改善性”作为实际标准的讨论）。这个目标包括从参与者那里得到反馈，并与他们分享自己的一些感受；这通常是一个需要反复的过程。在此过程中，你更像是一个参与者而不仅仅是旁观者或问题诊断者。不论是通过个人到个人，还是通过召集会议等其他形式，当成为一个特殊的“合作者”、促进者和中间调停者时，你的角色将变得更为复杂且富有挑战。

解放被束缚的大脑

在已获取的数据与既定世界观进行信息交换的过程中，研究者们有时会不加批判地接受所做的问题定义，并且倾向于从热心的资料提供者（更不用说那些付费的委托人或雇主）那里得到的解决方案。要预防这种倾向，就要与可能对信息提供者持否定意见（越多否定越好）的个人或派系保持沟通。省时但仅在部分情况下才能奏效的方法是询问这些热心的资料提供者：“谁可能会强烈地反对你对这方面的观点？为什么？”

1.3 第三步：构建选项

这里说的选项类似于“政策备选方案”、“备选行动方案”或“为解决或缓解问题而进行干预的备选策略”。

当心语言陷阱

【语义提示】明确提出选项并不代表政策备选方案彼此互斥。政策分析者使用“选项”一词也是很含糊的：有时它指一种选择——意味着放弃另一种选择，有时仅仅指解决或缓解某一问题的另一种政策选择，需要和其他备选方案相结合。你应该意识到别人用法中的歧义，而且要确保在解释原因（第八步）时你自己的用法中没有这种歧义。

并非所有情形都要完全弄清两个备选方案是否彼此互斥。例如，无论市长承诺安排足够的资金来修缮道路还是为无家可归者提供居所（但并不是二者都提供），你都得为市长决定增加分配预算提供充分的理由。

始于全面，终于焦点

在分析工作的最后阶段，你一定不希望还在评估两个或更多备选方案，但在一开始，你又难免会因工作的纷繁复杂而犯错误。将分析过程中可能会考虑到的所有备选方案列一个清单。随后，剔除明显不可行的方案，并整合其余方案，设法将其余方案以一个或多个子变体的形式重新整理到单独的“基础”方案中。对比最初的清单，你知道该把重点放在哪儿了吗？

刚开始，应注意那些重要的政治领导人提出的建议或已经在他们头脑中考虑成型的行动方案。这可能包括某些重要人物所倾向的观点，或机构备选清单中那些现成的备选方案，或政治上某一思想的拥护者长期以来一直在提倡的、已被包装好的政策建议。然后，你应试着去“创造”一种方案：它会在日后被证明优于当前政治家们正在探讨的这些行动方案。头脑风暴有利于产生创造性思维，但是不要期望你提出的观点一定会比别人的更好。

激发创造性的一种方法参见附录 B“政府事务清单”中的一览表，阅读每项内容时都问问自己：“是否将这种策略稍加变化就能解决或缓解问题？”附录是综合性的，因此，具体到单项策略时上述问题的答案通常是否定的。然而，系统地仔细检查清单也是很有帮助的。因为清单并不太长，你在几分钟内只需凭经验就能鉴别哪些观点值得进行更为深入的考虑。

【语义提示】解决问题的初始考虑始终应包括顺应当前趋势且避免使其受到干扰的备选方案。这样做是因为世界时刻都在自然而然地发生着变化，其中一些变化可能会缓解正在研究的问题。（注意：在这里我并不是将备选方案解释为“不作为”。不作为或不做决定都是不可能的，大部分变化趋势会使问题持续或改变，要么变好要么变坏。）

要查看那些“自然而然”的变化是否会影响问题的范围，就要在公共政策的环境下考察它们最常见的根源：（1）由选举引发的政治变化，包括由于要进行政治选举而产生的变化；（2）伴随着经济周期而来的失业率和通货膨胀率的变化；（3）整体的税收和支出政策的变化引起的部门预算的“宽松”或“紧缩”；（4）人口统计变化，例如移民人口模式以及某一特定年龄段人口的剧增；（5）科技变化。然而，多数情况下，这种“延续当前趋势”的政策选项最终会被排除在分析活动之外。如果定义问题的工作进行得顺利，你就会在头脑中明确一个问题，通过采取积极的行动往往能够使其得到缓解。

将问题所在的系统模型化

我们经常把解决问题的各种方法看作是系统中可能存在的干预，以保持问题的存在或继续向前发展。理论上说，我们没有必要为了解决问题而将其原因模型化——制药商的例子说明，很多成功的药品在并不完全了解其作用原理的情况下发挥功效。但是，一个好的因果模型对于提示可能的“干预点”通常十分有效，尤其当问题被一个由各种力量、动因、限制条件交错的复杂系统（这种情况很普遍）覆盖时，这种有效性更为明显。比如，你可以考虑一下，一个产生大量交通拥堵的系统有它的拥堵节点——一座桥或一个隧道。一个简单的相关因果模型将包括沿相关路线出行的要求、能够得到的备选出行方式、公路的交通容载量、公路使用者所要付出的价格。一个简单有效（但通常在政治上并不受欢迎）的干预方式也许是提高使用者的费用，以反映每个使用者对交通拥堵的“贡献”大小和增加出行时间的程度。

因果模型需要怎样自觉、精巧、缜密呢？很多致力于政策分析的社会科学家也许会说：“越精巧越好。”但未必是这样。自我意识是非常可取的。精细化（或全面性——在这里是近义词）也是可取的，因为它可以降低忽视重要因果关系的风险，但在设计干预策略阶段，这会使分析的重点变得模糊，同时也削减了创造性。如果“缜密”可以避免依赖那些不太清晰甚至错误的假设，那么它也是必要或可取的；其弊端在于它可能使你忽略那些重要因素，例如行为者的个性特点——由于你只考虑那些相关的因素，你并不知道如何严格地解释行为者的个性特点所带来的影响。

很多模型会被理解为对一个基本比喻的阐述。它们可以是数学上精确的，也可以是口头上的和激发性的。接下来我们讨论一些常用的隐喻，它们是设计备选方案时一些具有特殊价值模型的基础。

市场模型。市场模型适用于分散的供应者和需求者交换不能定价的物品和服务时的情况。市场模型的主要观点是通过交换达到真正的平衡。因此，除了那些典型的商品（如机械和水果的生产分配）之外，市场模型都能普遍适用。

例如，你可以试着从供求关系的角度来理解病人进入国家精神病院系统的情况：有固定短期的公立医院床位“供应”和按日收费，以及由警察局、县精神病急救中心、法官、公众等产生的对床位使用的复杂“需求”。

要想改善市场环境，一个公认的干预策略是设法提高或降低供应者或需求者所面对的市场价格。

生产模型。遗憾的是，在公共政策领域发现的有关普通生产系统运行逻辑方面的学术文献并不是很多，例如命令-控制规则、信息的供给以及所有其他的“政府行为”。在任何情况下，理解生产系统的首要工作是确定一些参数，当它们超出一定的范围，就会使系统变得极其脆弱甚至崩溃，产生欺骗和滥用等行为，变得极不经济，并有可能带来预期目的以外的负面效果。而当我们试图将生产系统从探寻阶段升级成我们称之为“优秀”的执行层次时，了解那些参数也是极有帮助的［见第三部分“‘巧妙的（最好的）实践’研究”］。

最优化透视是研究生产模型的另一种方法。操作研究模型在这里也是有关联的，比如排队、存货管理、马尔可夫过程。（其他更好、更简明的讨论，参阅 Stokey and Zeckhauser 1978；and Victorio 1995；也可参阅 Rosenthal 1982。）

进化模型。进化模型描述了随着时间推移而发生变化的过程。它由三个重要的子过程组成：竞争者之间的变动、选择和保留。例如，在一个致力于推行工作场所健康相关标准的机构内，抱怨者们会不相称地关注那些显著的、恼人的问题，但这并不代表问题不明显或令人生厌的程度小就对工人健康的威胁不大。在这种情况下，进化模型就提示了几个貌似合理的干预点。这个机构可能会致力于教育工人们对这些问题进行自行观察识别并提出申诉，由此想出办法，将不太严重的问题解决在萌芽状态，由此改变竞争者联盟的格局。为增加达成更富有成效的目标的可能性而开始对提出的抱怨进行甄别，进而改变“选择机制”。或者可以试图说服工人或他们的工会代表，以减少他们的抱怨倾向，从而改变“保留机制”——工人们的态度。（其他关于模型使用的想法和精彩讨论，参阅 Lave and March 1975。）

概念化和简化选项列表

你最终呈现给委托人或公众的选项列表必须与你最初所列清单存在明显区别。这不仅指剔除那些看似不可行的方案，而且也包括概念化或简化所做的工作。

概念化的关键是试着将备选方案的基本要点总结为一句话甚至是一个短语。这项工作难度虽大，但付出的努力是值得的。使用一些非常简短明了的行话很有帮助。环境保护署成立时，第一任行政长官便面临一个诸如以下选项的列表：“让州政府努力工作，同时由联邦政府提供资金”，“为各企业联合进行的防治污染研究清除障碍”，“起诉不良企业”（不良企业指那些污染行为严重的大公司或工厂，起诉它们有利于为新机构赢得政治支持）。

【语义提示】简化的关键是弄清备选方案与其变量之间的区别。很多政策备选方案的基本要素就是其干预策略，这种干预可促使民众或机构在某一方面改变自己的行为，例如一个规章制度，或津贴制度，或税收刺激制度的实施①。但是没有一个干预策略是孤立存在的，它必须由某个或某些机构来实施（可能还包括非营利组织），并且它还需要有资金来源。通常一个基本策略的各变量由

① 很多情况下，“基本要素”就像是一个很精明的实践——一种干预策略，它试图以相对低的成本和/或风险，通过利用某些定性的机会条件来引起一种有价值的改变。参见第三部分“‘巧妙的（最好的）实践’研究”。

不同的实施方法和不同的资金来源渠道等因素所决定。

当你有很多解决问题的办法可供考虑，并且需要减少其对比的复杂性时，将基本策略及基于实施细节的那些变量区分开来是很有帮助的。这可以使你的分析工作得到实质性的突破。第一步，对比三个“基础”的备选方案，同时忽略由它们的“变量”引起的那些细枝末节。然后，一旦你确定了其中某个备选方案，就可以对其中的某些变量进行比较。

例如：在接下来的五年，你希望在全县范围内吸食海洛因的行为能减少50%。基本的备选方案有三个：美沙酮维持疗法、低强度的强迫性措施以及毒品教育。每个方案潜在的“变量”都涉及资金来源，即在州、联邦和县三个层面不同程度的资金使用（尽管不是所有为某个方案所用的资金都能适用于其他两个方案）。“变量”也可以根据管理项目的主体进行区分：非营利机构、县员工或州员工。或者，你可以考虑关于规模和范围的那些变量，如在美沙酮维持疗法的方案中两种可能的实施规模①。

设计政策备选方案

本书一以贯之的假设是：你一直致力于从事政策选择的工作。但是，只有当你想要或不得不设计出至少一个政策备选方案以形成方案列表时，某个特定的政策选择才会呈现出来。或许你仅是对当前政策情境中人们已在讨论的政策备选方案不满意。

四处观察。如果你正在处理的问题是全新且独一无二的，那么你要成为第一个甚至唯一那个对必要的设计工作进行监督并负责的人。但也有可能你所处理的问题是其他人已经处理过的。此时，观察他们的做法，评估他们成功或失败的程度，你将有意想不到的收获。那些成功过的方法通常最有参考价值，但有时你也会从失败的例子中学到很多。

去哪儿观察？观察同类辖区或机构的已有工作是很有帮助的。如果你正在思考一个州层面的问题，那去其他州考察一下；城市或社区层面的也是如此。与政府官员（例如州的首席教育官、地方检察官、县福利局局长等）联系密切的专业协会经常会出版一些描述在某一辖区内得到成功实践的政策的相关资料。即使他们没有这方面的资料，通过电话向协会办公室咨询也会有不小的收获。

---

①　选择某个具体的数字目标可以帮助集中资源进行工作，并促使你思考哪些影响是微不足道因而不必费力去追求的。但是如果所有的增量都具有同等价值，那么选择这样一个目标有可能就会产生专断、违背自己初衷的问题。

然而，考虑“目标”辖区与所参考的辖区存在的问题在性质与范围上是否相似也很有必要。一个由于社会服务内容丰富（如支援性质的住房及其他服务）而得以解决无家可归者的问题的城市，如费城，对于旧金山这种一个人均收入是其四五倍且地理气候温和的城市（这非常有利于吸引无家可归的人）来说，费城成功的经验可能是，也可能不是一个很好的榜样。你可以发现成功的经验尽管很有益处，但它也必须在“目标”辖区的具体情境中才能适用。[关于这方面的更多内容参见第三部分“‘巧妙的（最好的）实践’研究”。]

来自朋友（或敌人）的帮助。思考如何设计一个房子、一座办公大楼、一间起居室，或如何设计一个舞蹈编排、剧场设置、筹款计划、政治运动、研究生的公共政策课程、将在全国范围内运转的非营利环保教育组织，或是一个将在10～20个国家范围内制造并销售机械装置的营利企业。显然，设计工作是一个复杂的工程，它要求进行不断反复的工作：你必须要探索各种不同的方法以达到一系列特定的目标；同时，你又要根据实际行动所得的经验去修订目标。

在某些情况下，政策分析者们对问题的设计或多或少地表现出独立性。就如同那些埋头沉思的首席建筑师。更为可能的是，他们会时松时紧地与其他政策专家合作，这也将不同类型专家（如法律、工程、财务）的工作纳入进来，同时会产生不同观点及其优先次序。无论何时何境，设计工作都会因为公众评论的增加而不断拓展。那些先前好像只躲在幕后、并不清楚设计工作进展情况的利害关系人及其他各类公众，此时就会观察你的进展情况并做出反应。

出于两种意图你会利用这些反应：根据你和委托人（很有可能就是你的受众）认为很重要的标准（包括政治可行性的标准）来改善你的设计；并以这种方式做出回应以获得更多政治支持（减少反对因素），因为单从进程来说，这也是你迟早要面对的事情。在这里，我并不打算讨论关于如何与不同受众进行有效沟通等方面的战略战术。我将讨论限定为以下两个问题：你的设计（它们即将面临各种相关的公众审视和评论）应该粗略或完美到什么程度，如何将你的设计以一种试验性的方式提出来。

不出意外的话，“中间地带”是最安全的。一个非常粗略并被公认的一种试验性的设计会遗漏很多关键点，从而为处于设计之外的利益需求者创造可乘之机。这样你便被迫处于守势，因为你试图抢在他们前面，使他们提出的解决方案落空。此外，一个粗略的设计暴露了设计工作仍处在一个非常初级的阶段，因此那些利益相关者认为毫无必要对此做出反应，以免自找麻烦或由于先驱者的脆弱性而产生风险。另一方面，对设计的过度修正和表面上看来已经确定了的设计，可能会暗示利益相关者你并不想和他们进行磋商。在这种情况下，他们会认为除了极力反对（本来可以不必如此）你的设计外没有别的选择——当然，除非他们认为已经“上了这条船”，只有竭尽全力协商这一种选择。

假如你已提出一个“粗略但不是太粗略”的设计，并引出一套令人深思的观点作为结论，你需要创建一套与各类人员保持联系的方式，他们期望（也是你期望的）能成为设计工作过程中的一分子。保持联系当然需要一些最基本的通信设施（电话、传真机、电子邮件、聊天室等）；同时，你还需要努力构建一个关系网，从而使快速、充分信任的个人沟通成为可能。

任何设计都必须立足于工作客观、资源可用、环境可控等假设之上，所以从一个更具分析性的层面而言，你应该持这种观点：将这些假设的合理性作为“进一步讨论的基石”。也许你会感到有些不安，因为它们是假设与推测，而且批评者也会因此批判它们“缺乏严谨性”。但是政策分析并不仅是一种“讲真话”的活动，它也是一种注重实效的合理论述，并负有努力推动政策进程的责任，而进程本身又具有不确定性。

设计的实质问题。设计的问题通常分为两种。第一种涉及“案例”管理，这是指个体或其他实体（如企业、社区或基层政府）接受某种“治疗”。其措施可能涉及发放津贴、承担义务或某种个体生活方式的变化（如教育孩子或改造服刑人员）。第二种涉及处理某种集体事件而不是个案，例如，改善交通拥堵、根除警察机构的腐败、保护生态环境或进行一次社区大扫除。

第二种类型很复杂，很难详述，但是案例管理都遵循一个大体的框架，即可先列出一个总体的步骤然后列出需要询问的问题。

我在这里有意使用“计划”一词，目的在于表明所列步骤的总体性与有序性。例如，一个津贴的分配计划就有以下步骤：确定谁有资格、计算分配的量，审查并对那些有欺骗行为和滥用职权行为的人提出威慑。管理计划要保证实施程序符合规定，包括审查程序和审批条例，此外通常还包括采用规则、向被管理方提供技术帮助以及通过忍耐谋求更多合作。而在人才交流计划中，情况就变成了怎样更好地改变、变革后的奖赏以及专业人士为变革提供的许多方法或手段等。想想在校的孩子、教室、老师，或者想一下病人、医院、医生，抑或想一下福利受益者、培训机构及培训者，一切就都明白了。

这些事项是在个体层面进行的，有时也称之为“街区层面”。该层面的设计问题相对于以个案集合为基础的群体层面的设计问题来说要温和一些。在街区层面，我们通常以效力、效率、公正、有益性等为衡量标准。而在群体层面，我们会发现设计必须在所有标准之间达到平衡。这种平衡是要首先考虑到的，因为（1）政府机构永远不可能像我们期望的那样拥有足够的资源去处理所有事务；（2）政府只在应对现实世界中规范的异质性和多样性时，才会以一种包容和审慎的方式行事。

面对这种不可避免的设计权衡，从两个角度观察是大有帮助的，即机构中的专案经理和案例的受众。经常会发生这样的情况：设计的规范使项目工作人员的工作变得更加容易，但给民众带来的只是更多的生活不便。（“抱歉，对此我们无法给出建议；请把申请表填好寄来，我们然后才能予以回应……”）

有些情况下退回到原点、不断向自己和他人重申项目的主要目标也是很有帮助的。哪些社会问题期望得到改善？抑或现行的哪些项目可以通过重新设计而更好地达成那些目标？这样做可以使我们有机会在更具工具性的层面考虑一个非常重要但却经常被忽略的设计问题：在正常的计划运行过程中，你需要系统地收集哪些证据，从而使项目管理者懂得他们的计划是否正顺利进行？也就是说，应该设计和实施怎样的追踪机制和评估机制？

另外一个常见的设计问题涉及对现有组织或组织间的网络做出调整（可大可小），目的在于提高绩效。限于篇幅，不再对这些议题进行详细的讨论，但附录 C“理解公共和非营利组织：问正确的问题”提供了一个问题列表，它涉及组织绩效方面的专家在多数情况下会考虑的一些问题。

1.4 第四步：选择标准

将所有政策故事均视为由两个相互联系且彼此独立的政策主线构成大有帮助，即分析性的政策主线和评估性的政策主线。前者涉及政策所有的事实要素及对结果客观公正的预测，而后者则是指价值判断。理想情况下，所有富有经验且思想开明的人都会或多或少地对政策本身的是非曲直及其本身所残存的不确定性达成一致意见。但从评估性的角度来说，情况就不是这样了，因为我们都期望社会哲学及自己的主观思想能够有更大的诉求空间。分析性政策会判断 X、Y、Z 是否会发生，而在评估性政策中我们考虑的则是 X、Y、Z 对社会是有利还是有害。

在整个八步法中，这一步主要（虽不完全）是属于评估性的政策主线。这是将价值与哲学判断引入到政策分析中最重要的一步，因为有些标准就是用来判断政策预期结果的评估性指标，这些政策结果与其他备选方案的结果是联系在一起的。

当然，最重要的评价性标准是预期结果能否以一种我们能接受的程度去解决政策问题。但这仅仅是开始。毕竟，任何行动都会在多方面影响社会，这种影响或许是积极的，或许是消极的。对于每一种影响（或按八步法的说法，称之为预期结果），我们都需要站在自己的立场去判断它能否造成影响以及为何产生如此影响。标准的设定正是体现了这种判断。因为任何有意义的影响都要求制定这种判断标准，影响越重大，就越需要我们制定丰富多样的评估标准。

【语义提示】请注意评估标准并非是用来判断备选方案的，至少不是直接用来判断的，它们是用来评估预期结果的。在这一点上很容易使人误解，进而使整个分析工作变得混乱。而我们常用的表达方式——“备选方案 A 看起来是最好的，因此，我们将会采用它。”——会进一步加深这种疑惑，这种说法忽略了很重要的一个暗示。完整的表达应该是：“备选方案 A 很可能会达到预期结果 O_A，这种预期结果是几种可能的结果中最好的，因此，我们认为备选方案 A 是最好的。”将标准运用于评估结果而非用于评估备选方案可使我们记住：我们更看重的是预期结果 O_A；在这样的判断标准下，即使由于对备选方案 A 缺乏信心而放弃该方案，我们也可以寻找其他更可能实现的备选方案来尽力完成 O_A。

常用的评估标准

效率。一般来说，在成本-效益与收益-成本分析中效率是最重要的评价标准。之所以使用这个词也或多或少地引用了它在经济学中的含义，因为要使个人福利的总和最大化最终还是有赖于个人自己的努力。用经济学的术语来说，就是“将个人效用最大化”或“使净收益最大化”。另一种与此含义大体相当的说法是“将公共利益最大化”。

注意，尽管效率一词带有一种高尚纯洁、专家治国论和精英主义的光环，但它强调的“效用”是完全民主性的，这种效用是根据个体公民对于自身福利的建设而进行评估的。的确，就大部分政策问题及政策决定而言，坚持效率也是产生人本主义政策结果的一种方式。并非这个词本身多么人性化，而是因为政策决定若不考虑效率，往往就会忽略公民个体的那部分福利。公民个体也许是渺小的，但如果从效率的角度分析，这样的个体却是不计其数的。效率分析对政治家的宏伟远见（如搬迁大量居民为修建大坝腾出空间）提出一种伦理要求，从而避免他们头脑过热。同时，对某些为获取特殊利益的少数人的行为也提出了伦理要求，这些“少数人”有时会通过保护主义措施，以提价的方式保护少数生产者的收入，但影响的却是广大消费者的福利。

然而我们也要看到，从社会公正的角度考虑，效率这一标准也存在局限性。首先，分析者通常是通过推断人们实现某种利益（或自愿做出一些牺牲）的意愿来评判“效用”。从分析的角度来说，这就意味着穷人由于钱少而无法与富人分一杯羹。但是，这种分析角度上不平等的局限性的大小也要视具体的案例来定。其次，如果相关价值缺乏人本精神来辩护，就无人愿意为之付出。不论人们如何强调一些概念，效率这一标准实际上已经低估了这些概念的价值。从理论上讲，生态学的价值是一个典型，尽管事实上许多生态学的价值的确有很多人类捍卫者，他们从中获得很大的效用，这些效用从效率分析的角度也能得到适当的解释。

尽管成本-效益分析与收益-成本分析听起来很相似并经常通用，但它们还是不同的，其应用也有很大差别。二者都解释了政策问题中策略与目标的关系，而且都需要从一个经济视角来思考这种关系。然而，成本-效益分析通常只满足于评估预期结果的性质与数量，而收益-成本分析则更进一步，它试图以某种方式，通常来说，从金钱或实际效用（这种情况很少）角度来评估所有结果。因为技术要求相对较低，因此在政策分析中成本-效益分析的使用更为常见。的确，尽管表面上看来它们也许并不值得我们去深究，但是对于大多数政策议题而言，成本-效益分析可以使之简化。举两个例子：

- 马德维市市长需要回应关于“建筑许可证的颁发遥遥无期”的商业抱怨。假设给你不少于 500 美元的资金，用于改变城市规划办公室（除了人事分配与任命）的工作流程。成本-效益分析的框架会主张仅仅从程序上以及通过官僚资源来避免事态拖延（以日计算）。

- 奎克市必须更新几千幢大楼的防震安全设备，因为这些大楼都是用强度不高的石料建成的。给你 20 年的时间，并且目前也没有预算限制，但你希望在完成工作的同时将对居民和小商贩的生活（及收入）造成的干扰程度降到最低。小商贩们可能会因建筑修缮工程而进行临时性的搬迁。为使此类打扰最小化，成本-效益分析可能会主张在某个季节比在其他季节更适宜开展此项工作，或是主张不要立即关闭所有的杂货店，也可以帮助他们建立互助小组，以此将影响降到较小的范围。

相对于收益-成本分析，成本-效益分析在另一方面也有效地简化了政策分析：它假设资源或产出是固定的，并且只集中于与此相关的其他因素的选择。

固定的资源通常涉及资金预算，如人力、物力等（一个工作队或一组医院病床）。固定的产出则可以是任意一类的，如降低污染最低限度的要求，或者儿童成就测试中可接受的最大不及格率。接下来的任务就是寻找一种最佳的方法来操控分析框架中的其他因素以提高产出率。一般来说，如果限定资源，就要"努力获取最大化的目标"；如果目标固定，就要"将有限资源的效用发挥到极致"。

但设想一下，一旦想出能"将有限资源的效用发挥到极致"的办法，你就想扩大调查范围，以探求是否可利用这一全新方法获得比原计划更多的产出，即不对资源或产出做固定假设，而是扩大行动规模。分析性的挑战现在变得更为棘手，因为你必须面对这样一个问题：如果增加预算成本，那么增长后的产出是否"物有所值"？而且除非你费力去比较成本增加与产出增长这二者之间的相对价值，否则这个问题就无法回答。换言之，成本-效益分析现在必须提升到收益-成本分析的水平。

这里有一个关于兰德公司运用成本-效益分析研究青少年犯罪的预防策略的例子。兰德公司将成本-效益分析的方法引入收益-成本分析的做法虽未被完全认可，却也有其道理。该项研究对比了四种"早期干预"策略的成本与加利福尼亚在"三振出局"法威慑下监禁的成本-效益情况，发现其中至少有两种情况是极有可能被优先接受的。推论如下：

> 从民众对"三振出局"法的支持投票中可以推知，他们相信为了使犯罪率每年下降 21%（兰德公司根据之前研究的估计）而花费 55 亿美元是值得的。如果毕业激励和家长培训如我们预期的那样有效，那么无须额外增加花费 10 亿美元，就能使犯罪率成倍下降。①

平等、公平、公正、正义。关于这些词的意义，有很多不同且经常相左的观点。你自己不仅需要仔细思考，有时还要引导民众去深入思考。正如以下例子中的一些情况：

● 由于司机没有上责任险，而使交通事故的受害人不能得到足够的赔偿。这些人多是因为贫穷而没有购买保险。而另外还有很多司机为了预防车祸风险不仅买了第三者责任险，而且还为自己购买了驾驶员险。一项政策建议提出用燃油附加费建立一个基金为所有司机购买责任险。但这项为司机免责买单的普惠型的政策建议遭到一些人的谴责，他们仍认为这对那些因为贫困而无力为自己购买保险的司机来说是不公平的。还有一些人认为，那些无力购买保险的人

---

① Peter H. Greenwood et al.，"Diverting Children from a Life of Crime：Measuring Costs and Benefits"（Santa Monica，Calif.：RAND Corporation，1995）.

会把这种不公平的保险费用及受害人不能得到足够赔偿的风险转嫁给社会中其他的人，因为他们本身都很贫穷，并不富裕。很显然，分析者需要仔细思考有关公平的问题。

● 对于大学录取是否维持对非裔美国人及其他特定少数民族的倾斜性政策的争论，人们认为会造成个人公平与社会团体正义之间的鸿沟。但奇怪的是，一些学者和大部分普通民众相信：任何追求正义的社会都不该出现任何不公平现象。分析者再次需要将思想观点与其措辞之间的微妙差别进行区分。

自由、社团和其他思想。为激发思考，我们列了一个清单（虽然很不全面），它们都与我们所提的评估标准相关：自由市场、经济自由、资本主义、“摆脱政府控制”、法律面前人人平等、机会平等、结果平等、言论自由、宗教信仰自由、隐私权、安全感（特别是相对于化学物质及各种环境威胁等）、邻里之谊、社区关系、归属感、秩序、保障、免于恐惧、传统的家庭结构、各成员平等的家庭结构、授权员工、非营利性部门的维持、志愿主义、信任他人。

程序价值。美国的民主认为，程序与实质一样重要，因此十分尊重过程与程序。也就是说，在你的政策议题中，理性、开放、可及性、透明、公平、非独断性等词语要占有一席之地。在设计方案或做出决策的分析过程中，这些可能都是要考虑到的因素。因此，你需要进行广泛而平等的协商。除了要为工作逐步建立起合法性之外，你也许会为还有那么多东西要学而感到吃惊，尤其是从那些在社交与意识形态等方面与你所持意见非常不同的人那里学习。当然，这不意味着你最终要完全顺从所有观点或意愿，也并不一定要将协商过程进行到底：有些观点会比其他观点更可信，而且协商有时也必须在某点上给决策让步。

不要错误地认为“更多地参与”或“尽可能地参与过程”就等同于“更民主”或“更理性”。参与机会可能更多地被那些或是有更多时间参与的人，或是力求维护自身特殊利益的人，或是在意识形态方面的狂热分子剥夺了；而普通民众以及他们所关切的普通事务却相对被忽略。

权衡冲突的评估标准

正如前文在定义问题的讨论中所看到的，当一些价值不一致或完全相左时，由于涉及价值选择的问题，我们必须考虑如何权衡。对于这个问题一般有两种方法。

政治过程处理法。一种方法就是通过现任政府的或政治的过程来进行权衡。通常，这种方法主要依据分析者的雇主或委托人来做出权衡，并且允许相关领域对雇主或委托人很重要的第三方发挥其附加影响。

分析人员解决法。第二种方法是分析人员靠自己的力量通过调整（而非取代的）方式，对那些雇主或委托人作为重要依据的哲学或政治观念做出认定和权衡。之所以采用这种方法，是因为某些特殊利益以及政治哲学理念在政府中“未被充分表达”；相对其他参与者而言，分析人员在观察或理解这种“未被充分表达”的问题时处于一种更有利的位置，因此分析人员有义务、至少应被准许以公平和民主的名义做出正确的权衡。

例如，一些人认为，如果没有政策分析人员，与效率相关的那些标准就会很少被关注，所以，分析者应该为纳税人代言，因为他们的利益容易被那些更有组织性的“游说集团”所剥夺。一种相关的观点是诸如公平这类特殊概念经常会被除政策分析人员以外的其他人低估。尤其是那些含有以下观点的概念：公开接受商品或服务的受益者应为此买单。（这些与公平有关的概念通常将再分配公民财富的公共开支排除在外。）其他一些由于利益需求未得到充分表达而被公众经常提出诉求、希望政策人员对此做出努力的关注点包括：后代、孩子、排除在管辖权范围之外的居民、少数民族和种族问题、妇女、穷人、消费者、动植物（生态群）等。

这种方法的另一种表现形式是“教育过程”的观点。在不同环境下，鉴于一些事实或论断，政策分析人员会引起那些有影响力的政治行为者（也许包括他们的上司或主要委托人）的注意，从而促使他们对其现行的标准重新进行思考。在此情况下，政策分析人员的责任就是与他们就自己的推论与见解进行交流，而后便进入政治进程。

常用的实用标准

在分析过程中，并不是所有的标准都属于评估性的范畴。有些纯粹是实践性的，属于分析性范畴。这些标准主要关注的是在备选方案被采纳和实施的过程中所发生的变化①。主要的标准涉及合法性、政治可接受性、在各种执行环境中的稳固性与可改善性。

合法性。可行的政策既不能违宪，也不能违背一般性的法律。然而，请记

① 我说过标准是用来评估结果而非评估备选方案的。然而，在“实用标准”的讨论中，这种陈述需要做一个细小的修正，即标准并非是评估结果，而是评估采纳及实施的过程中备选方案所面临的各种可能性。

住，法律权威通常是模糊且不断变化的。所以有时一些政策会存在博弈的情况：如果一项政策接受法庭裁决，它可能会被判定违法，但也可能不会。（在这种情况下，咨询建议就显得必不可少，它可以帮助你起草政策以增加其通过的机会。）

【语义提示】请注意，尽管在语义上相似，但所谓的“自然权利”或“人权”与“合法权利”在概念上仍有很大区别。比如对于堕胎的立场冲突，即基于生命权的价值而反对堕胎与妇女对于自己身体具有控制权而可以堕胎二者之间的冲突。关于“自然权利”或“人权”的另一个争议是有些人主张在法律条文中对这种权利予以认定，而有些人却持反对意见。

政治可接受性。可行的政策必须是在政治上可接受（至少不遭到反对）的政策。政治不可接受性包括两种情况：反对声音太大（范围太广或太强烈或二者兼具）与支持声音太小（地域太小或不够强烈或二者兼具）。

然而，不要对其持一种僵化的态度。时常问一下自己：“是否我所倾向的政策方案在当前情况下尚不具备可接受性，该如何改变这种情况?”运用创新性的策略思维也许会使你发现一些可以接受的政策选项，而这些选项是你从未认真考虑过的。（需说明的是，有关联盟的建立及成功开展一项活动的技巧并不在本书的讨论范围内，但是附录 D“政治支持动态领域的策略建议”对此做了一些基本概述。）

在确定策略的局限性及可能性时，各种政治过程模型是可以提供帮助的。据我之前的观察，模型通常会用隐喻的方法进行表达，这类情形中最具价值的模型包括：

- 一场复杂的博弈。组织良好和地位占优的少数方在其中具有特殊的优势。
- 一个剧场。演员是那些民选官员，无论有无现实基础，他们都要努力呈现出良好的表现：为他们自己，为彼此，为其批评者，也为受众（因为这些人的认可至关重要）。
- 一个以口号、符号与理念为标志的市场，它由各种诚实的批发商、零售商与老练、合法的采购者所组成。
- 一个学校。民选官员在里面学着怎样做好政策设计工作，有时还要与其同学分享工作方法与成果。

如何准确地运用这些模型？暂且把它们看作概念性透镜吧。依次透过它们观察相关的政治过程，同时认清那些可能出现的用于聚焦的错误和机遇①。

稳固性与可改善性。理论上听起来极好的政策理念通常在实际执行中遭遇

① 另一个类似的优秀的分析方法是由格雷厄姆·艾利森于 1971 年提出来的（Allison 1971）。

失败。执行过程有其自有规律。政策方案由庞大而刻板的行政系统来执行，并因其官僚政治的利益取向而被扭曲。那些设计并被采纳的政策在执行之初便有可能偏离，甚至发生实质性转变。因此，政策备选方案应保持足够的稳固性，这样即使执行过程进行得不那么顺利，政策结果仍能令人满意①。

不利的执行结果通常让人对以下方面感到忧虑：长时间的拖延，意想不到的选区对项目或政策收益的分割（它们本来不该受益），过度的预算或过高的行政成本，削弱政治支持并使支持者陷于尴尬的欺诈、浪费、滥用职权等丑闻，还有让公民（与项目经理）很难确定哪些益处可得、哪些规范必须遵守的行政复杂性。

即便是最好的政策计划人员也不能在设计阶段就考虑好所有细节。因此，他们应为政策执行者留出对政策进行改善的余地。最为常见的改善方法就是在政策执行的过程中，让那些在设计阶段其观点未被考虑的个人和团体参与其中。然而，也要注意，向有敌意的政治团体敞开大门，在改善政策的同时也会降低政策的稳固性。因此，对当前形势进行一次谨慎的评估是有必要的，包括人格个性、制度需求与刺激、政治脆弱性等方面。

正如前文进行政治分析时提及的那样，在评估稳固性和可改善性时，可将官僚机构模型看作有效的概念性透镜。我发现这些隐喻方法对于官僚机构最为有用。现将其随机列举如下：

- 一种自动生效的预编程序的例行程序（“标准操作程序”或“标准作业程序”）。
- 处在特定环境中的个人。在生存需求的驱使下，他可以自我增进利益，并在某些情况下有强烈的自我实现渴望。
- 在政治领域中，个人和派系会试图谋求对组织使命的影响力并进入其决策系统。
- 一个部落。它有自己的礼仪以及一系列针对“外界污染”的预防措施。
- 一个由个人或群体组成的社团，其成员为实现社团内成员基本一致的目标而进行合作。
- 一个由各种关系与角色组成的、在合理的劳动分工下彼此互补的结构体。
- 一种社团用以达成自身目标的工具。

作为逻辑建构的“标准”

诸如效率、公平、政治可接受性和稳固性等都属于实质性标准。但是我们

① 处于“强烈的不确定性”条件下的稳固性有时会作为一个格外重要的标准而存在——例如，解决长期且高风险的问题，诸如全球气候变化、恐怖组织运动及其巢穴技术与组织能力的转变等（Lempert，Popper，and Bankes 2003）。

也可以简单地把标准看成一种正式的分类。例如，我们可以对各种标准的价值做出区分，如希望被最大化的、必须达到最低满意度的以及那些以“越多越好”自居但较少被优先考虑的标准。

在开始的时候聚焦于一个主要的标准（即标准的最大化或最小化）并以此为主要目标很有帮助。这种主要目标通常就是问题定义的对立面。例如，如果问题是太多的家庭无家可归，那么你的主要目标也许就是将无家可归的家庭数量减到最少。如果问题是全球气温正迅速上升，那么主要目标可能会被描述为“最大限度地减少气温上升或扭转这种局面”。当然，还有很多其他可用来判断结果的依据，如昂贵奢华、政治可接受性、经济公平等，这些都是最终评估时应该考虑的标准。然而，你很有可能把自己搞糊涂——除非你一开始就集中于某个主要标准并使其他标准围绕它进行排序。当你深入分析并随着主要目标的多样化而感到欣慰时，你也许会放弃对某个主要标准的过分强调，而是将重点集中于一个更为复杂的“目标函数”上（这里引用了数学程式中的一个术语）。

线性规划。线性规划是一种数学技巧，当你有一个主要目标或“目标函数”，但由于缺乏一些资源使之达到最佳时，你可以用它来使政策选择最优化（Stokey and Zeckhauser 1978，chap. 11）。很多时候，资源的使用是受限的，比如机构预算及非营利机构允诺的可利用的实体设备。即使政策问题不受简单定量评定的支配，分析者也会发现利用线性规划的逻辑结构可以帮助他们将任务概念化，其一般表述为：在诸如此类的资源限制条件下将主要目标（或目标函数）尽可能最大化。

有一个关于无家可归问题的例子：“在一段时间内任何一个指定的夜晚，X机构尽可能地为无家可归者提供住宿，所受的限制是每晚的预算成本不得超过5万美元，并且出于政治原因不允许在A、B地段搭建住所。此外，还要力图给这些受惠者提供更多的机会以便让他们选择去哪儿留宿。”

【语义提示】语言清晰。如果根据价值是否可以被最大化来对标准进行分类，那些具有约束作用或那些认为“越多越好”的价值就会有不同的地位。这时要保持头脑清醒。用一个简单的语言技巧就可以做到这一点：合宜地将标准定义为“将诸如此类的价值最大化”，“满足诸如此类价值的限制条件”以及“进一步了解诸如此类的价值”。

避免混淆备选方案与标准

【语义提示】备选方案是一组行动，而标准则是评价行动结果的心理准则。

那怎么会把备选方案误认为标准（反之亦然）呢？由于进行政策分析时会有很多错乱的情况，发生这种错误的根源很有可能就来自语义。例如，假设一个州里的管理机构的高级管理者负责处理劳工安全问题。她有意将员工投诉这一问题纳入机构对全州的工作场所进行视察的策略范围内。为此，助理向她提交了若干备选方案，其中一个称为“快速回应热线”（“Rapid-response”）（24 小时之内完成回应）。很显然，对此方案的结果进行评估的标准之一就是“回应性”（“Responsiveness”）。乍一看，备选方案和标准非常相似，但这完全是一种错觉。备选方案（一组行动）实际上指的是“热线”。导致它们看起来相似的主要原因是“快速回应”的意图已经渗透到其本身释义之中了①。这是一种十分危险的错误，因为仅通过对定义进行假设不能使我们真正的意图变为现实。

这种混淆常常会出现在组织再设计阶段，因为成立或调整机构单位的建议往往与所谓“意向”产生共振——如成立绩效测量办公室、战略计划团队、消费者服务部门等。但请注意，绩效测量办公室可能因其采用不可信的代理提供的毫无意义的测量方法而被解散，战略计划团队可能会遭到那些有见识（也可能没有见识）的管理者的有意忽视，消费者服务部门也可能因为消费者的疏远无疾而终。

1.5　第五步：预测结果

对你现在列表中的每一种备选方案的所有可能的结果（或影响）都要进行预测。这些结果是你或其他利益相关方所关注的。在八步法中，这是最困难的一步，即使是那些经验丰富的政策分析者也不一定能做得很好。毫不奇怪，分析人员经常用各种借口来掩饰他们的工作疏忽，将责任推得一干二净。对这一步最重要的建议其实非常简单：付诸行动。

在这里至少要面对实践与心理的三个巨大挑战。第一，政策是关于未来的，而不是关于现在或过去的，并且即使我们怀着最美好的意图和最深思熟虑的态度去进行政策设计，我们也永远不可能知道未来会发生什么。

第二，“预测结果”是我们必须“直面现实”的另一种说法，而务实会让人不安，因为大部分人更喜欢“好消息”。实际上政策会影响人们的生活、命运、声望，也就有可能使这些变得更好或更糟。因此制定政策并不像人们愿意承认的那样，而是承担着更多道德责任。理解了这一点，我们宁可相信偏好的备选

---

① 而且，在这个案例中，词干“respons-”在备选方案与标准中都出现了。

方案会达到预期结果或可以减少社会成本，而不用像在现实中所担心的那样。

第三，存在有时被称作“51－49”的原则。也就是说，尽管应该对其报以100％的信任，但在密集的政策辩论中，出于自卫的心理我们往往将这百分比降为51％，因此有时我们不仅会误导他人，也会误导自己。第一个难处——我们永远不可能为未来会发生什么找到令人信服的证据——包括第二个难处、第三个难处，因为我们的如意算盘没那么容易找到经验性证据作为参照。

尽管存在这些困难，要预测结果，系统的、有计划的努力仍是至关重要。因为在现代民主国家，政策制定者无论是仅凭感觉行事或是大胆猜测都是不可取的。

延伸预测逻辑

简单地说，这一部分要讨论的内容就是在各种备选方案中有效组合模型的逻辑和政策预期所需的有用证据。这种逻辑虽然很常见，但有重要的几点要补充。

第一，要补充的就是隐喻的方法。正如我们所看到的，政策分析是利用模型背后的隐喻来对重要的因果关系做出定性分析。这些隐喻诸如“将官僚机构看成一部自动运转的机器”、“政治好比剧场”以及“将世界看成一个生产系统”等。这里格外重要的关系是那些能够在复杂系统中提供有益干预点的部分，或那些在政策采纳及实施过程中呈现出的潜在的失误与陷阱。

第二，政策分析会尽量运用社会科学。大部分社会科学直接回答“某模型在现实世界中行得通吗”这个问题。这里社会科学常常是有用的，因为它可以诊断现实问题，勾勒出发展趋势，并决定那些看上去很精明的实践（参见第三部分）是否值得复制。但是，要注意的是，避免将社会科学的标准作为判断模型现实性的依据的做法，因为社会科学的标准是相当保守的。在政策分析中，无论是否应该依赖模型，与漫无目的的猜测相比，模型所提供的那些比较松散却较为合适的标准都能够产生更好的结果或避免更糟的结果。

第三，正如我们看到的，政策分析运用多重模型。大部分社会科学效法更为深奥的科学，它们寻求一种“最好的模型”（某些实践家称之为“真实的模型”）。然而，由于所有模型都是从现实中抽象出来的，因此即使最好的模型也不可能是完美的。尽管这种抽象可以加快科学进程的步伐，但在政策实施过程中，政策选择的实际结果最终由现实中的人去检验，在分析中被采用的备选方案或问题无一例外。使用任何模型都应考虑一些重要的问题或可能的结果，即使这样做需要建立一个复杂多样的分析系统。

第四，即使你使用合适数量与类型的模型，这些模型也应与一开始的情况、有关的证据或现实的客观事实联合起来应用。例如，“副主管史密斯很不称职。同她一起工作会使工作的失败率至少增加 25%”，或者“社区居民对于现在的毒品泛滥之风很是恼火，他们一定会协助警察严厉打击这种行为”。尽管很多模型不能很好地反映最初状况，但总有一些模型可以做到。这些模型与政治可接受性有关，也与执行过程中备选方案的稳定性有关。

量值估算

预测结果的工作不仅需要考虑结果的大体走向，还要考虑其量值。例如，“我们期望这个项目会对减少少女怀孕事件有非常积极的影响”这样描述是不够的，而应该这样去描述，“我们期望这个项目在接下来的五年中，每年都能够使社区减少一百到三百例少女怀孕的事件”。

关于量值的大小，有时你只需估计一个预测值就够了，而有些情况下则需要确定一个范围。

损益均衡估计与不确定性的问题

“你没有证据证明这会有效”，批评者也许会吹毛求疵地这样说。如果你这样回应是绝妙的：“你也没有证据证明它无效。”你们都是对的，因为还没有发生的、所谓与事实有关的“证据”本身就是个很矛盾的术语。然而，你的批评者对你的合理质疑在于你自己也并不确信你所主张的政策选择一定有效，而且你还要承担政策选择“是否合理”（当然不是寻找“名义上的”证据）的质疑①。不管使用什么手段或策略，这个问题都必须解决。

这就意味着你应该将“合理性”的门槛尽量设置得低一些。通常来说，你也许只需要证明你所推荐的行动方针能达到足以抵消所知的成本与风险的效果就可以。这种方式叫作“损益均衡”或“临界”分析方法。这是一种非常简单有效但又符合常识的概念性透镜②。它根据已知或合理的假设建构起一个决策框架，并在这种更为稳固可靠的框架中解决余下的不确定性。

---

① 这里假设你已经提出了一项政策建议。但是即使你只是摆出政策选择并附上各自的预期结果，你仍然无法逃避要对结果进行正当辩护的问题。

② 我认为它也是一种会被不恰当地理解和运用的透镜。

例如，假设正在考虑某种旨在引导青少年行为的政策，这项政策意在减少青少年监禁的发生。其成本大约是一百万美元，但有效程度却不确定。根据以下两点构建出一个决策框架：“如果成效高于成本，那么就做”的决策规则；已知需一百万美元的成本，然后需要通过以下四步来估计其不确定性：

(1) 根据成本确定可接受的最差政策效果。一个问题是：“为使一百万美元的成本用得其所，我们应该实现的最差政策效果程度如何?”答案可能是：“不同的人对于在多大程度上减少青少年监禁会有不同的看法，但如果暂且不考虑这一点，在我看来，如果给我一百万美元我会觉得15%的下降率是我能接受的最小值。”①

(2) 回顾并参考过程模型，然后问一下自己“采取什么步骤或如何改变可以大致产生这样的有效性呢?”这主要是一种定性分析。答案也许是：“根据之前关于指导进程的运作情况的资料，我们可以有把握地说，在政策全面运行时，它对不同的孩子会产生不同的政策效果。它为一半的孩子提供更加积极的生活选择；对另一半孩子中的二分之一采用提高其对‘惩罚’的认识的办法来调整其行为，而对剩下的孩子，我们能做的就只有为他们祈祷了。”

(3) 评估这种改善过程在多大程度上可能（或不可能）实际上产生我们所要求的所谓“损益均衡”的有效度。问一下自己相对于类似环境下的类似干预，这种对“损益均衡”的程度要求（在这个案例中是15%）是否是合理的。如果这个数字过高，你也许需要考虑一下是否在此案例中特定环境下的某种干预可以帮助达到这样的有效度。注意在这一步以及之前的过程中，你必须依赖于我们认为它可以产生效用的“理论”，或是自觉的、有依据的推论。通常，这些都是政策分析推论链条中最微弱的链接。这也是为什么尽可能仔细、负责地做到这一点格外重要，也格外困难的原因。

(4) 估计一下失败的可能性或为接受失败而付出的政治成本及其他成本——问一下自己，如果政策失败了，付出成本者会不会容忍他们所遭受的损失。

为了更好地帮助读者使用“损益均衡”分析方法，再举两个例子：

● 在保护自然资源的议程中，为野生动物建立一系列庇护所的政策X看起来是一项不错的选择——这里假设资金已经到位，但出于很多原因，它可能也不一定是一个好的政策选择，如没有联邦补助金，或州长对此项政策的价值排

① 一些人会谈到“开关点分析法”，并将15%理解成决策者从对政策有利（或不利）的角度进行分析的一个“开关点”。还有些人会提到“临界分析法”，并将15%看成是为了对选择这个方案进行正当辩护而假设它产生的有效性的临界程度。

序并没有之前那样高，或是那些利益团体正盯着两处指定建立地点并设法阻止这一政策。你与你的委托人（州层面的环保机构官员）会面，希望她能赞成只要有 50%成功的可能性就去执行这项政策。在大量调查之后，你认为尽管不能确定具体值，但成功的机会大于（或小于）50%，然后你的分析就要集中在使她相信你得出这样的结论具有合理性上。

- 在成本和收益给定的情况下，如果平均的日客流量不低于 1 万，那么为家乡英雄队建立一座新的体育场听上去就是不错的主意。这是你以及相关政策决定者可以接受的最小数字。首先，由他们决定他们对达到这个数字有多大的信心；其次，这种信心的程度是否可以保证做出决策。在你对事实与选择的陈述中你可以集中于这两点①。

【语义提示】如果此刻收益不确定而成本确定，那么你应该问自己两个问题：(1)“根据已知的一定的备选方案成本，为保证在情境 X 下达到应有的成效，我们需要从中得到的最低限度的帮助是什么?”(2)“对于情境 X 可以提供的这种最低限度帮助，在多大程度上是合理可信的?”

运用“灵敏度分析”

哪些不确定性是最重要的？这里指那些相对细小的变化——它们可以导致你对某个备选方案的期望发生变化。运用一种叫作“灵敏度分析”的方法，你可以发现这些最重要的不确定性所在。想一下你得出结论之前的种种假设并假定它们都是错误的。现在问一下自己：“出现大麻烦之前，在这个假设中我能够承受多大的错误?”错误越小，说明你对某个特定的假设分析越“灵敏”。②（在这方面，附录 A 中有一个很好的例子。）

对这些假设进行逐一检查并不是难事。但是如果它们一下子堆在一起，你是否会在这两个或三个或四个假设中出现问题或失误呢？这种情况可以通过一种技巧解决，称为“蒙特卡罗模拟法”(Monte Carlo simulation)。它一开始假定每种假设都是可能的，然后将这些假设背后的种种可能性结合起来，创造出一系列新的可能性以便确定哪些假设的结合会成为可能。接下来你可以认为：“在可能发生的多种情境中，现实情境可能突破‘损益均衡’要求的概率约

---

① 用“损益均衡法”进行估计的一类特殊案例是“当然推理估计”。如果你对所有重要的不确定参数进行了最坏的估计，而政策备选方案依然满足你的决策标准，那么不用说，即使再做更仔细的估计（这会更有利），备选方案也会证明是令人满意的。在这种情况下，就没必要再进一步估计了。

② 当然，在你保护或推翻结论的时候你可能会发生错误。

为 82%。”①

乐观地正视问题

重大的冒险要求有乐观精神。即便是那些小小的风险挑战，也会影响公众的生活，所以这对政府而言是件大事。因此，保持“实事求是”的乐观精神是有益的。但是如何避免过度乐观呢？

情境书写。什么样的情境会导致你的建议无法产生预期的结果——解决或充分缓解政策问题？不要凭空捏造这样一种情境，要实事求是。并且，开阔一下你的想象以便你能考虑到可能出现的那些最危险的状况。尤其是，想一下执行过程中存在的政治方面或其他方面的风险。以未来某个有利的视角来回顾一下失败的可能性也是有好处的。考虑一下以下一些情境：

- 在一个健康或安全监管项目中，产生理性且合法标准的结果所需的科学或技术上的知识不足。结果是，今后五年中，符号政治、腐败事件、工业掠夺或过分的监管热情等都会有可乘之机。

- 随着时间的流逝，预算来源和政治支持等这些可利用的资源都在政党变化与经济转变的影响下悄悄溜走了。一个由政府部门领导，并有专业人员参与的恐怖分子甄别项目也许会和其他项目相结合，然后可能会因被另一个官僚系统接管而最终消失。

- 一个成功的旨在向极度贫困的乡村提供技术援助的州项目，也许会增加对那些不是很贫困的乡村县的帮助，结果使得稀缺的项目资源遭到浪费（我称之为资源堆砌；见 Bardach 1977）。

- 一个用于补助“鱼蛋白浓缩”研究与发展的项目——它意在创造一种廉价且有营养的食物添加剂——在铺天盖地的宣传中启动了。从现在起，今后五年中可能会被食品和药物管理局永久性地搁置拖延，由于管制评鉴，也就无法将这种产品投入其标准生产线中。

【语义提示】注意，这些情境都只存在于未来某种预想的完美状态中。运用这种方式思考可以激发想象力（Weick 1979，195－200）。列出执行后不利结果的清单，然后在脑海中构想某个或几个不利结果出现的情境，这也是很有帮助的。记住那些在构想的情境中暴露出来的诸如这样的不利结果：长时间的拖延；

① 更为详细的讨论参阅 Morgan and Henrion 1990，chap. 8。你可以运用商业上通用（非常容易使用）的蒙特卡罗模拟程序来操作蒙特卡罗模拟法。

项目的“俘获”或预期之外的集团对项目或政策收益的“剥夺”；过度的预算或过高的行政成本；由于欺诈、浪费、滥用职权而削弱政治支持并使支持者陷于尴尬的丑闻；以及行政复杂性，它让民众（与项目经理）很难确定哪些益处可得，或哪些规范必须遵守。

【语义提示】期望之外的副作用。分析者通常是谨慎地思考关于“非预期影响”的问题。但是这种表述不恰当，因为它常用来表示那些之前虽未预期、但却令人期待的圆满效果。以下是政策项目中的几个未曾期望但却可以预见的副作用的例子：

- 道德风险的提高。也就是说，政策可能会将人们隔离在他们的行为所产生的结果之外。例如，扩大失业补助范围可能会产生降低人们找工作的动力的副作用。

- 合理的管制可能会导致规制过度，特别是当成本的承担者感觉不到规制过度带来的成本消耗的时候，这种情况更容易发生。在制定健康或安全标准的项目中，标准制定得“过高”或实施得“过于机械”，可能的不利结果之一就是你可能在理想水准之上进一步提高私人部门的成本。例如，出于对大部分人安全上的优先考虑，强制要求安装汽车减震装置，对每辆车而言，安装的成本大约是 25 美元，但它对于改善车辆防震度只有微小的作用，那么这项标准就无法通过常规的收益-成本测试。

规制过度产生的第二个不利的结果就是你可能无意中将管理活动转变为另外一种更不安全或更不健康的活动。例如，一些观察家认为对核能发电安全方面的规制过度已经把麻烦转移到了煤炭上，煤电比核电带来的危险更多。

- 寻租行为：在完全竞争市场中寻找一个有利可图的利基市场，并为实现自己的利益而故意扭曲项目。为政府提供商品和服务的一些人（也包括公务员）会设法“获取”租金，这种现象虽不是不可避免，但确实是经常发生（例如，一些国防项目的承包商）。寻租有时也以一种不那么明显的方式出现——某些公司成功地对某些规则施加影响，使之给自己的竞争对手带来比自己更大的成本压力。

乐观的伦理成本。政策分析人员会担心一个看似良好的政策有可能会带来有害的副作用，对于这种担心怎么夸张其实都不会过分，因为即使是那些预期的正面结果，在各种环境的制约下它们也可能无法实现（见 Behn and Vaupel 1982，“明确你所忽视的”那章）。政策分析者总是会提出这样的伦理问题：“如果人们听从了我的建议，而我又是错的，那么代价是什么？谁来承担这些代价？”而且这些分析者通常所想的是：如果我是错的，那么将会有不止一方来为我的失败付出代价。

具有突发性质的问题

政策通常在某种复杂的系统中产生干预。充斥在这个系统中的行为者会以一种让人意想不到的方式采纳你的建议，然后这种建议又会引导其他行为者去采纳更多的建议。这种情况下可能会出现一些出人意料的行为表现，那么在做预测时该如何考虑这种可能性呢？

很多时候，系统的复杂性及不可知性使得你无法考虑到这种可能性。宏观经济就是一个极端的例子——生产商对于他们所关心的“供应方面”的减税具有不同反应，这也成为某些人的观点争论的主要根源，即有些人认为由于经济增长而产生的赋税实际上会抵消减税的直接影响，而另一些人却对此持怀疑态度。然而，很少有这种极端的情况，因此你也许需要以设身处地的态度创建一种启示性的论据。

假设你现在正置于他人的处境。问一下自己：“如果我是X，我会怎么做？”然后顺着这种思路想象一下X的想法，并在自己的脑海中确定X会怎么做。对于每一个重要的利害关系人或其他有影响的相关人员都要用这种方式思考一下。这种换位思考方式的价值在于，在你所创造的新政策情境中，你的建议会以一种出人意料的方式得到采纳。

例如，在保障对化学制品知情权的法律中，工人们必须被告知他们会接触什么样的化学物质，并且他们可以检查由雇主留存的健康记录档案。如果你是一名工人，你会如何使用这项法律？你会不会因此辞职？会不会要求加薪或更多的保护性措施？会不会起诉你的雇佣者或向工会代表施加压力？

而工会代表会对此压力做出何种反应呢？这种压力会不会在某种程度上使得工会代表的工作更为艰难或更为容易？

现在，假设你是一个雇主。考虑到你对工人们的期望，这将会刺激你做出调整或反击或做出相反行动。你会因法律没有明确要求而停止保存所有工人的健康档案吗？或者继续保存这些档案但是只允许医生有选择性地进行实验室测试？而如果你是工人并发现了雇主的这些行为，你会做出何种反击？

并非所有设身处地的做法或对抗行为都会给正在评估的政策备选方案造成

麻烦。也许这种方式会证明很有用，即可以帮助社会适应新政策带来的改变。19世纪70年代，一些零售经销商通过向银行和一些金融机构兜售分期付款方式来规避缺陷产品的保障义务。美国联邦贸易委员会（FTC）根据“正当持票人原则”设法打击这种行为，使他们修复产品或使之与分期付款方式相分离。实际上，联邦贸易委员会的最终解决办法是放弃了对“正当持票人原则”的保护。银行抱怨说它们不想卷入电烤炉维修的事务中。但是如果你从银行经理的角色突然变成一个电烤炉维修商，站在他的立场，你还会有退出维修义务合约的想法吗？或者不向零售商购买分期付款方式的商品，因为你不相信他们所做出的保证。

绘制一个结果矩阵

预测结果这一步会将你置于一个复杂密集的信息丛中。在进行这项工作时，结合主要变量，你也许需要退一步并评估二到五个基本备选方案（包括它们的主要变量）中的一些复杂不确定的情境。概览所有这些信息的便捷方法是用一个结果矩阵将其罗列。通常结果矩阵的格式是将备选方案列于纵栏，将评估标准列在横栏。每一个小单元格都包含根据横栏的评估标准所得备选方案的预期结果。

表1-1是一个范例。这个矩阵是我几年前绘制的，当时是用来比较三个备选方案的预期结果，它们都是为对加利福尼亚州1 000万辆汽车的尾气控制遵守情况进行周期性监测而设计的。在这个例子中，贝克、史密斯、琼斯是三个效力不同政府机构并持不同政策观点的分析者，对每种备选方案他们都判断出截然不同的预期结果。我在每个单元格中记录了他们所持的对预期结果的不同判断。①

绘制结果矩阵是一种便笺式的活动，对你和项目成员以及一两个热心的局外人都会很有帮助。它的主要作用就是帮助你看清你已经掌握的东西以及你还需要了解什么。如果一些工作对你来说很庞大和杂乱，这个矩阵也可以帮助你缩减工作量：将某些备选方案以或多或少“相同”的那些变量标准进行概念化，丢弃那些明显不可行的方案，忽略那些对区分备选方案没有帮助的标准（也就是说，若以这些标准进行评估，所有的备选方案似乎都很好或很差）。

---

① 其他示例参阅 Stokey and Zeckhauser 1978 表9-4、9-5、9-8和9-9。也可参阅 Weimer and Vining 2004，282-289的讨论，以及285-313页的示例矩阵。

表 1-1　　三类分析人员基于三选项快速检测系统预计的不同结果

选项	标准 需要排除的极值（%）	每减少一吨污染的最低成本（美元）	需要的最短时间（分）	车主降低的检测成本（美元）
IM 240[a]	贝克：100 史密斯：0	贝克：低于排烟检测标准 史密斯：数百万	琼斯：60 史密斯：>60	琼斯：低于排烟检测标准 贝克：高于排烟检测标准
修正后的排烟检测[b]	贝克：50 史密斯：0	贝克：数千 史密斯：数百万	琼斯：75 史密斯：75	史密斯：35
遥感[c]	贝克：0 史密斯：100	贝克：数百万 史密斯：200	一致：大部分驾驶员为 0	一致：大部分车主为 0

注：排烟检测（SC）系统需要到汽车注册的数千个授权服务站点中的任意一个进行两年一次的检测。
a. 需要进行两年一次的检测时，要在相对不多的集成化和专业化设备中选择更加精密的检测仪器。
b. 在选定的中部谷地和南部海岸的大气流域增加额外的检测并强化实施流程。
c. 开发专门用作监测路上行驶的汽车的新兴技术并制定强制措施治理违规行为。

随着分析工作的进行，当你完成一两次这样的绘制工作之后，你就会发现获益良多。

如果在“总结陈述”（第八步）中进行这项工作，你也会发现它非常有用。然而，你必须清楚：除非你能很好地设计并阐述这些矩阵图，否则它不但不能有所帮助，反而会妨碍你把握整体情节的连贯性。

对于如何以一种技术性合理并对使用者有所帮助的方式来描述预期结果，你可以有几种选择。最简单和直接的方式就是利用数字或语言符号来直接描述社会，例如前面例子中史密斯的预测：IM 240 这个方案导致的结果是每吨污染物会花费数百万美元的成本。另一种方式是在那些被认为是“基础情况”（base case）的备选方案之间进行比较，例如贝克所得出的预测：在当前情境下，每吨污染物所花费的成本少于排烟检测所用的成本。然而，基础方案不限于只反映出目前的趋势；它还可以提出一些预测，如“我们担心州长和立法机关会无视那些更为优秀的方案”。

【语义提示】在这类矩阵中标出评估标准时容易出现的一个常见错误是没有指出哪种价值是至关重要的，也没有指出测量是以何种方式进行的。例如，如果你正在评估一项租房补贴项目，在横栏中加入“房东/房客关系”，读者可能就不知道你所表达的这个关系是会更和谐还是更紧张，是房东占主动地位还是房客占主动地位，还是其他的一些关系。靠图表周围的文字来解释你的意图是不够的，矩阵里的标记或符号本身必须是有信息价值的。在上面的矩阵例子中，我并没有只在标准那一栏的顶部简单地写上“获利”、“成本”或“时间”。在有限的空间里，我尽量表示出这些单位的衡量尺度以及我们期望它们所发展的方向。很多情况下，在“标准”的标识中加上诸如“最大值”或“最小值”等词是很有帮助的。

如果单元格不足以填入对于预期结果的描述，你就需要用一些语言符号来表示，例如“非常好”，或一些象征符号，例如“＋”或“－”。但在这里如果用“关键词”来表示是不合适的。定量化对分析很有帮助，而且确定一个大致合适的定量比你想象的也要简单。

如何使预测结果与问题设计联系起来

【语义提示】对于八步法的语言描述——问题、备选方案、标准、预测、权衡——都没有涉及问题设计，但却都与之有一丝联系（见前面讨论设计政策备选方案的章节）。通常，设计工作的对象是一个组织或项目，更为一般地说，是一个各部分相互联系的系统。设计的目标是使系统以某种特定的方式运转并发挥作用。你可以将有待解决的“问题”理解成有待于达到的“实践目标”。要达到这个目标主要靠成功的“标准”。而达到其他各种执行要求则意味着要满足其他各种限制性标准（见前面第四步中对于“线性规划”的讨论）。

在这样的一个框架中，通常会发现我们是在处理一个单一的问题。这个问题虽然可能不会涉及太多方面，但也不止一个方面。因为问题设计包含着一个各部分相互联系的系统，你也许就不得不单独处理每一部分——单独解决每一个问题。例如，想象一下，要对一个州里整个教育系统的教学方式进行重新设计，以达到向所有高中生讲授所有大学预备课程的目标。这项任务就涉及一系列相互联系但相互区别的“问题”或“实践目标”，它们包括：

（1）允许不同地区的学校自由决定大学预科毕业要求的程度。

（2）不同地区怎样向学生提供帮助，同时州又如何帮助这些地区。

（3）新的要求实施的迅捷程度。

（4）监管高中课程内容的程序的性质与正当性。

（5）期望学生达到的相关高中课程的熟练程度[①]。

---

① Michele Sutton，“Graduating with Options：Recommendations for Designing and Implementing the American Diploma Project in California”（University of California，2008）.

1.6 第六步：权衡得失

有时会出现这样的情况：一个审议中的方案，无论单独以什么样的评估标准进行衡量，都被期望能产生比其他备选方案更好的结果。在这种被称为“方案绝对优胜”的特殊情况下，当然就不会存在在备选方案之间权衡和取舍的问题了。但是通常我们并没有那么幸运，我们必须弄清方案之间的关系，并加以比较和权衡，这些结果对政策选择具有至关重要的影响。

最常见的是金钱与一定比例的公众所接受的商品或服务之间的权衡，例如每年 20 万美元的运营费用与将图书馆的闭馆时间由晚上八点延长至晚上十点之间的权衡。另一种常见的是（尤其是在监管性的政策中）私人负担成本（一个公司安装的污染处理设备的装置）与社会收益（改善受其影响的人口的健康状况并保护森林）之间的权衡。

【语义提示】正如经济学理论告诉我们的那样，权衡以一种边际量的形式出现。权衡分析告诉我们：“如果我们为得到一个单位的额外服务 Y 而支付额外的 X 美元，我们能够得到一个单位的额外好结果 Z。”这种分析使决策者在这样一个位置去回答这个问题：“社会（或者你）认为 Z 的价值是高于还是低于 X?”然后决策者根据答案显见的含义做出行动：如果是高于，则决定为一个单位的 Y 而采取行动；如果是低于，则不行动。

语言学上可以帮助你把注意力集中于边际量的技巧之一是经常使用“额外”这一词。你可以注意到这个词在上一段的举例分析中就出现过三次。

某些单位的服务 Y 只能以“整体”的形式进行购买，而不是“一个”。想一下高速公路或桥梁提供的交通服务。Y 可能指的是某个行人从 A 到 B 的行程，但是大多数交通建设工程（高速公路的扩大建设，新桥的建造）只有在保证多达数千里行程的最低限度下，Y 才有意义。或者，假设一个警察总长必须在两个“整体性”的备选方案中选择一个，即每年拿出 100 万美元来解决夜班轮换中越来越多的超时问题，或每年拿出 25 万美元来加快警车的更新速度。第一个备选方案的整体性在于警察协会坚持应将所有 150 名警官轮换时的超时率降低到最小程度，第二个备选方案的整体性在于如果订购超过一定数量的汽车，汽车供应商便会大大降低每辆车的价格。如果第一个备选方案能减少的抢劫案发生的量为每年 200，而第二个备选方案为 50，那么决策者所面临的边际权衡问题是每年要为每一个抢劫案增加额外的 5 000 美元。在这种情况下，所谓的“边际效益”就是“150 个抢劫案与 75 万美元”的一个整体。（当然，除了预防抢劫和成本效率，其他标准也应与这个问题具有相关性。）

建立通约性

假设某备选方案 A_1 以标准 C_1 衡量很有效，以标准 C_2 衡量表现一般，而以标准 C_3 衡量就很差，并且假设备选方案 A_2 以这些标准衡量的话结果和 A_1 正好相反，那么只有标示出各个标准的权重并弄清楚在各标准通约的情况下各备选方案的权重，我们才能在这两个方案中选择一个。正如我们所知道的，对于每一个人来说，货币是可用同一标准进行度量的最好选择了。用货币进行度量是个好主意，并且它还会有你意想不到的作用。例如，生命的价值有时候甚至也能用类似的方式进行度量：“每年愿意花 X 美元来降低 Y%的死亡风险。”

然而，通约性及货币度量也有局限性。例如，在一个政治上重新划分选区的事例中，到底忽略多大程度的政治不平等，才能换来更多非裔美国人选票的支持，要对此做一个大致的判断，甚至用有意义的术语来表述一下这种权重都是不可能的。通常，这类问题被称为“多重属性问题”。从更深一层意义上来说，尽管一些探索性的方法可以使问题规模缩减至最小化，但这些问题在逻辑上仍然是不相容的（Stokey and Zeckhauser 1978，117－133；MacRae and Whittington 1997，201－203）。①

再谈损益均衡分析。我们已经了解到损益均衡分析可以帮助将注意力集中于一些你必须评估的不确定性上，也可以帮助对那些必须考虑到的标准拟定一个大体的框架（例如，“我们之所以信任备选方案 A_1 并选择它，是因为它至少会产生结果 X。”）。现在我们再看一下损益均衡分析是怎样帮助解决通约性问题的。

想一下某些政策领域，比如安全管制，这里我们经常需要在金钱与危及生命的风险之间做微妙的权衡。可以想见，为了对这些建议进行评估，你不得不去判断一个人的生命到底值多少钱——虽然毫无疑问，这是多数人不愿去面对的问题。然而，如果你采用定量的评估方法并运用损益均衡分析法，这个问题多少会变得容易处理一些。例如，假设你正在考虑是否应该要求汽车工业制定

① 一个潜在的误导性的探索方法是分析者依据每一个标准对每一个备选方案进行打分，然后对这些分数进行算术操作。进行正确的算术操作很简单，但是要做到使打分过程不带有某种程度的专断性却很困难（例如，某些已经限定的、带有专断性的判定优秀与否的标准）。

新的设计标准，以便在未知的未来中改善交通安全问题并估计每年可以使 25 人免于死亡。为达到这种标准估计平均每年要花费 5 000 万美元。因此，边际权衡似乎就是；“每个生命值 200 万美元。”但是你不必为了弄清这项决定的意义而一定要去回答“人的生命究竟值多少钱”的问题。但你必须回答的问题是：“在统计学意义上，每个生命（一个不确定的个体——而不是具体的某个人的生命——以一种随机方式‘消失’在某特定的人口中）至少值 200 万美元吗?”这就是用损益均衡法进行分析的一类问题。根据已知的判断依据，在统计学上的生命价值就很明显了。而且，虽然很难判定这样一个统计学意义上的生命估值数字会不会因此产生一些其他的金钱问题，但这比起提出具体的某个确定价值容易多了。

对许多人来说这种权衡的计算方法很费力，而且一些人还认为它违背了道义精神。遗憾的是，不管违不违背，在某种程度上这都是不可避免的。无论你以何种姿态去考虑汽车安全设计标准的问题，你都会有意无意地站在一种“金钱/生命的风险”的角度进行权衡：如果你赞同这种标准，就表示你默许了这种权衡是值得的，反过来如果你反对这种标准，就表示你认为这种权衡不值得。幸运的是，这种逻辑上的暗指也有其作用。一旦你通过这种方式做出决定，你仍然可以问自己一个问题以便“审视”一下自己的直觉判断：“既然我做出了政策选择的‘隐含条件’是我认为 X 至少（或至多）值这些，那么我真的相信如此吗?”

聚焦于结果

【语义提示】在面对权衡问题时一个易犯的错误是在思考或议论的时候认为是在各备选方案之间而不是在预期结果之间进行权衡。例如：“夜间时段的 20 个步行巡逻的警官与一些低维修成本的警车之间的权衡。”尽管存在这样一种权衡问题，你会发现当你再思考的时候，你仍旧束手无策。在真正面对权衡问题之前你必须先将备选方案转换成预期结果的形式。因此，问题应该是由于警官步行巡逻而预防的 50 起抢劫案与节省的 30 万美元的警车维修费这两个结果之间的权衡。

停止！聚焦、窄化、深入！

到此时，随着讨论的深入，八步法逐渐进行了这样一些扩展：与问题有关的因素，备选方案以及标准。而且也许它已经导致了一种形式主义，即这些术语有了自己本身的一套内容。在进行结果预测时，可以作为某种“主观性草案”的结果矩阵也可能已经代替了原有的问题。但是你所做出的所有分析上的努力，其目的不仅仅是向委托人呈现一个精心设计出的政策选择清单。你的目的应该是保证其中至少一个——如果可能不止一个——方案可以作为解决或缓解问题的较佳选择。

这起码就要对那些最有希望的备选方案进行聚焦、窄化及深入分析，这意味着你必须非常认真地思考两个问题：(1) 使备选方案合法化并使之被采纳的政治因素；(2) 现行制度特征的设计因素。因为从长远看，它具备执行政策或项目所必需的权威和资源。(限于篇幅，这里对这些因素不再详加讨论，但可参见附录 C 中对相关制度问题的简要论述。)

1.7 第七步：做出决定！

在整个八步法中，到这一步就可以检查一下你前面所做的工作究竟如何了。即使你本人并不是决策者，在这里你也要把自己当作决策者。然后，根据你自己的分析做出决定，如果你发现做这个决定有些困难或棘手，原因可能是你还没有彻底地弄清楚需要权衡的问题，或者你还没有充分地思考各种已出现的（或潜在的）执行中的问题，或者你对于一个至关重要的成本估计还并不确定甚至是模糊的，或者是你还没有足够细心地去估计某些重要的需求曲线的弹性，等等。

用这种方式思考：除非你能说服自己有关某个行动方针的合理性，否则你不可能说服你的委托人。事实上，这种思考方式也是正确的。

当然，在向委托人讲述来龙去脉时，你可能认为参考自己的决定并不合适。相反，你可以简单地将你的故事限定在对相关权衡的澄清上，而完全把决定丢给委托人或者受众。

运用“二十美元支票测试”法

在这一步里你需要将你所偏好的政策备选方案进行“二十美元支票测试”。这个测试的取名源自取笑经济学家的一个笑话。两个朋友在大街上走路，其中一个停下来，从地上捡起某样东西。“这是什么——二十美元的支票！”“肯定不是，”另外一个人说，他是位经济学家，“如果它是，其他人早已经把它捡起来了。”类似的说法是：如果你所偏好的是一个非常不错的政策备选方案，那么之前怎么会没有人提出来呢？如果这个测试失败，通常其根源在于忽略考虑现实状态下官僚以及其他利害关系人的阻力，并且缺少一个在相关的政策环境中能够提出一个看似绝妙的方案并努力使之通过的实干者。当然，这项测试的失败并不是致命的。尽量拖延直到你想出一套说得过去的说辞。

1.8 第八步：总结陈述

在定义问题、构建选项、选择标准、预测结果、权衡得失等步骤反复进行后，你就要准备告诉自己的受众事情的来龙去脉了。受众有可能是委托人，也有可能包括更大范围的利益团体与利害关系人。范围的扩大对分析人员来说可能并不是什么坏事。这类演说可能只有一次，也可能只是为获取长期支持而进行的初步演讲，后面还要经历很多次。（与此相关的讨论可参见附录D“政治支持动态领域的策略建议”。）

运用“祖母贝西测试”法

在进入后续程序之前，你需要做另一个小小的测试，进行一下实际的检验。假设你的祖母贝西（她很聪明，但对政治不一定有什么经验）询问你的工作。你回答你是一个“为……而工作的政策分析人员”。她说：“那是什么？”然后你就解释你为之工作的某某问题，她说：“那么答案是什么？”你需要在她感到茫然之前的一分钟内想出一个相关的、站得住脚的解释。如果你自己都觉得迟疑犹豫，那就说明你还没有真正地深入理解你自己的结论以说服别人——可能也没有说服自己。那么，回过头去重新思考直到你的思路变得很清晰。

现在，想象一下某个人会因为你的分析而信任某项决定或政策建议的可能性（这种情况常会发生）。即使你自己作为一个分析人员，不用去直接面对像祖母贝西及她的亲戚（当然也包括祖父马克斯）这样挑剔的受众，但你总是要面对其他某个人的。因此，你必须至少能够用简单充分且务实的术语，清晰地向某人解释你要讲的这个故事的梗概，以使他能够继续去完成这项进行公共、民主教育的任务。

判断你的受众

假设你已经通过了“祖母贝西测试”，下面就需要应付那些比你的祖母更精明老练且难缠的受众了。

首先是委托人，例如你的上级，也许还包括赞助你工作的人，他们的认可是你最需要的。你和委托人之间是什么关系呢？你说什么和怎样说，主要取决于你们的关系是否长久以及交流是否是面对面进行的。尤其是对你来说，是否能够轻易消除可能出现的误解？

然后，想一下整个政治大环境。你认为谁会用到你的分析、做什么用？有没有人可能会在政治宣传中使用你的分析结果？对你来说这种情况是你所期望的吗？或者倡议者使用你的分析结果是你所期望的，其他人使用就不是？你会不会根据受众的分类而将你的分析要素“分离开来”？你会不会（也许是无意的）使用一些不当的词语而吓跑一些受众？

如果你被要求做一个明确的推荐，你要确保能够对一些挑剔的看法提出有力的反驳，因为这种情况可能就发生在各种各样的重要受众当中。同时，为了准备证明你所推荐的是最好的，就要确保你可以将它与你或别人认为次好的行动方案进行对比。

考虑利用何种媒介

你可以利用书面或口头形式讲出你的故事。但不论使用哪种方式，都是为了简单明了地进行交流。主要原则是，在其他条件相同的情况下，“越短越好”。在书面报告中，好的副标题及图表易于阅读和理解。利用一些视觉教具如活动挂图、投影仪、幻灯片等，可以帮助你更好地进行口头陈述。

口头陈述需要进行练习，并且要对一些基本原则有所了解。基本原则中的基本点是：缓慢清晰地讲话；声音要洪亮以便使房间内每个角落的人都能听到，有时要盖过那些引起注意力分散的噪声；讲话时尽量压低一下你的声调，这可以增加你的可靠感和听众对你的信任度；不要坐立不安，但也不要只是站在那里一动不动；多与你的受众进行眼神交流，并且不要只盯着房间一侧的受众。“缓慢清晰地讲话”也许比你想象中的要难——也更为重要。

让你的故事有一个逻辑上的连贯性

连贯性要根据读者（或受众）的需求、兴趣以及能力来设计。不论是书面报告还是口头陈述，都要使受众明白推动整个分析的动机所在。因此，最好开始就是对分析所关注的问题进行阐述①。

利用故事连贯性中更为具体的细节来引发思考也很重要，这具体到章节、段落甚至一句话。大部分读者在阅读时会紧密联系上下文以免离题。出于这种原因，你需要有意识地在不同的章节中都适当地提一下关于分析的“背景”问题。类似地，诸如“在转到……之前”或“首先有必要解释或者了解一下……的历史”等短语都在提醒读者对一些背景情况进行了解。许多读者对这些暗示很敏感，所以你必须很谨慎。记住，政策分析是有关未来的。也许历史会影响未来（虽然不确定怎么影响），作家或演讲家的任务是准确地展示这些影响如何发生。

虽然不是一律如此，但分析的框架通常是以一个好的问题定义开始，然后将每一种备选方案作为一个主要章节分别进行论述。在每一章节，你都要预测备选方案可能会产生的结果，并指出这种结果是怎样根据某些因果模型及相关的证据得出的。讨论完后，回顾并总结方案结果并对各种方案进行权衡。注意，在这种分析框架中没有对标准进行特别的讨论。然而，对标准详述明确的讨论有时是很重要的；你可以在对备选方案及其结果进行讨论之前或紧接其后进行这项工作。

一些常见的、易犯的错误

过于紧密地遵循八步法。有时，构造出一个分析流程是很有帮助的，就好像你在引导读者把整个八步法过一遍。但通常这种方法是错误的。记住，八步法的作用是帮助你思考复杂的问题。尽管有时候很有用，但做陈述的时候完全没有必要使用它。

强迫性的解释。在论证过程中，不要试图对所有的不确定性一一进行陈述，这会打断你的分析思路。解决这一问题的一个语言学上的方法是利用形容词或形容词短语，如“大多数”“平均看”“通常来说”等来说明问题的普遍性；然

① 如何在幻灯片的基础上进行口头讲解，对此兰德公司于 1994 年出版了一套非常有帮助的参考指南（RAND Corporation 1994）。

后在下一部分中集中讨论一下例外的情况。(或者，如果必须对例外情况做出解释，可以用括号在其中插入一句话或写一个脚注。)

炫耀你所做的全部工作。不要把你在研究中学到的所有东西都包括进来。即使你非常成功地完成了一项研究与分析工作，在结束工作的时候你会发现你所学到的大部分东西是与工作无关的。也就是说，你只是成功地把精力放在了真正重要的东西上，并抛弃了那些你一开始以为很重要的东西。如果这是你必须要经历的，你完全没有必要再领着你的读者去“重游”一遍。

只列举而不解释。在真正进行分析报告的陈述之前，你是不是要在报告中列出所有你意欲分析的备选方案呢？如果备选方案不是很多，或它们是你或读者都非常重视的，或它们能够帮助读者了解接下来要进行的具体评估工作，那么这样做无可厚非。然而，如果列表上有太多备选方案，读者会记不清都有哪些；而且如果其中一些备选方案在进一步的推敲之后就很容易被淘汰，那么你就只是在“扎稻草人”、浪费读者的精力。

类似地，在对备选方案进行评估讨论之前，对是否要列出每一种评估标准也要谨慎对待。通常，如果关于标准的内容并不多，不足以成为一个单独的章节，那么最好是在进行评估内容表述的时候顺便说明一下这些评估标准。

故弄玄虚。以结论或最终结果开头，你可能觉得这是最有趣味性的展示方式。然后列出原因和证据，以便让读者也得出和你同样的结论。简而言之，不要像一个小说家那样使用故弄玄虚的倒叙手法。

夸夸其谈的文风。要避免那种浮夸和兜圈子的官僚与学术风格。(阅读资料：George Orwell，*Politics and the English Language*。)也要避免非正式、“内幕式”的风格，如：“我们都明白我们的敌人正悄悄潜行，不是吗?”

构建你的报告

除非你的报告很短，不然在开始部分一般要有个摘要。

如果报告长达十五至二十页甚至还要多，做一个目录表是很有帮助的。如果报告中有很多图表，在文中或附录中把这些图表用一个清单列出来也是很有效的。一些具体的技术性资料或统计也应该出现在附录中而不是正文中。然而，一些必要的技术性资料及推论还是要出现在正文中，以使读者相信你很清楚你到底在说什么并且你的论证至少是可靠的。

利用标题和副标题来吸引读者，将冗长的文章划分为有条理的层次；确保版式（大写字、斜体字、粗体字、缩进）与你论证的逻辑层次相配，并以形式支持内容。

表格版式。目前关于表格版式这方面的专业经验还不多。所以不要一味模仿而要努力改善。每一张表（或图），例如表1-1或图3-A，都应该包括序号和题目。题目应该清晰易懂，将表（或图）中的主要内容用题目展示出来是很有帮助的（例如，“随着饮酒行为的增加驾驶风险迅速上升——但却没有引起在校生的足够重视”）。表中的每一行或每一列都要做出标记，并且所做的标记要易于理解。

通常来说，一张表要不就是纯粹描述性的，要不就是用来表示某种因果关系的。对后者而言，表格的作用是为了说明某个要点（最多两个），并独立存在而无须在下文赘述。用两三个小表格来说明两到三个要点，这样比做一个大表格、然后试图在文中解释其具体内容要好得多。

表格一般需要添加脚注，并且几乎都要在底端注明表格资料的来源。这些注解有时用来标明数据来源，有时是为了阐明行（或列）中资料标记的含义，因为这些标记可能多是缩写。

参考文献与资料来源。在报告最后要列表注明参考文献与资料来源。书目或文章应该使用传统样式标注（作者应按字母表顺序排列）。参考文献的目的是帮助那些好奇和（或者）持怀疑态度的读者去亲自查阅这些文献。有很多种写作方式可以使用，其中较好的一个是在《政策分析与管理期刊》中文献回顾部分所使用的模型，直接明了。

目前的一个趋势是用“科学引文”来代替文中的脚注，即在括号中只列出作者的姓及出版年月；读者可以在文章最后的参考资料部分查阅完整的出处。如果你按照这种方式写作，参考资料部分中应在著作题目及其他出版细节之前列出作者与出版年份。有时也需要在括号中标明你所引用的页数。

正规的引用在风格上也有很大不同。如果绝大部分参考文献都是正当合法的，建议在页面底端用脚注注明所有的参考文献。然而，在脚注中你可以继续使用“科学引文”的版式。

注释作为参考部分出现在同一页中会更易于阅读——也就是说，将注释用脚注而不是尾注标示出来。

运用备忘录的版式

如果你的分析工作是利用备忘录完成的，那么你应该使用标准的备忘录格式，如下：

[日期]

给：[收信人名字，办公职位]

来自：[你的名字，职位。在名字旁边或上方签名或签姓]

主题：[简要通顺地描述一下主题]

[开头的一句或两句应说明收信人何时要求你提供一份备忘录及提供的原因。或者，你可以解释一下为什么会用备忘录的方式提交报告。]

[如果备忘录很长，你可以在开头和结尾使用一两个概述段落。如果开头的摘要很长，最后的总结可以简短一些。]

[如果备忘录很长，考虑用副标题将其分解开来。]

拟定一篇新闻稿

大部分政策分析的内容不会成为报刊新闻、广播、电视关注的主题，但也不是都这样。一些内容有时也会成为新闻发布的候选资料，而且在思考如何将报告压缩出实质性的信息时大家都可以从中获益。因此，出于一种分析上、有时是政治上的考虑，你可以拟定出一份有关分析报告主要观点的新闻稿。通过这种方式你可以从媒体上观察到你的批评者是怎样看待你所做的工作的，并为此做好一些辩护的准备。

第 2 章

收集资料

假设你正在准备一份针对蓝湖污染控制项目的分析报告，作为一个研究者你深知湖水受到了污染，你也知道联邦、州和当地政府都在致力于污染防治的立法工作。此外这个地区还有一个州环境保护办公室，可以做污染治理项目的行政管理工作。但是，知道这些还远远不够，你需要精确描述现行的政策和项目，包括它们所处的政治环境、官僚组织如何执行政策以及专家和民众对该政策的评估标准。你还得决定你自身是怎么评价它们的。此外，你需要知道与此相关的标准化的数据指标，以及如何获得这些数据。如果你想改进现行项目，你就必须提供证据表明你可以对可能的结果做出合理的预测。你还必须了解现行的设备和人才储备，及其能够做出哪种类型的变化。

这些都是非常大的挑战，同时你的时间、精力、金钱可能并不充足，被访者可能也没有足够的善意。此外，你很有可能需要在六个月之内完成研究，并且你不想浪费前五个月的时间去适应这个项目。那么，你应该从哪里开始呢？一旦开始了，你又该如何有效地推进呢？

2.1　起步

第一步很简单：从你知道的开始。这似乎是不言自明的，但实际上却又难以实现。当面对一项新的且富有挑战性的研究任务时，人们很可能在几周甚至几个月前就挣扎在焦虑当中了，并且他们也明白这种状况是愚蠢的，因为这仅仅是在无谓地浪费时间和精力。但是，只要你开始行动，收集一些数据，哪怕是模糊的数据，再加上一些理性的推理，你就可以为项目带来意想不到的进展。比如假设你要做一个关于维卡赫斯地区烟煤产业前景的政策分析，但这个领域和你之前的兴趣和经验都相去甚远。你可以通过写备忘录的方式来判断自己的处境：

● 别人之所以叫我做这个研究，是因为有人觉得维卡赫斯地区的烟煤产业前景暗淡，或者它正处于上升期。如果是前者的话，这个研究的目的可能是争取政府的专项补贴；如果是后者，研究则是为这个行业或与这个行业息息相关的商人们推广自己的业务提供服务。

● 任何产业的前景都部分取决于它的市场需求。由于替代性能源的出现，煤炭的市场需求可能下降了。

● 使这个产业陷入危机的原因也可能是高昂的生产成本。那么是不是因为采煤技术落后了呢？如果是，原因又是什么呢？可能是由于不断开采，矿区已经由富矿变为贫矿，而开采技术却没有得到提高。

● 几年前，这个地方曾有许多的矿工罢工运动。目前的劳资关系是变了还是更糟糕了呢？是不是工人们的工资要求使公司每况愈下呢？

● 煤矿依靠铁路进行运输。如果铁路的运营能力不行，煤矿产业会好得了吗？

● 煤炭是黑的，其燃烧会释放出很多含碳烟尘，对环境造成污染。但是有人关注这个问题吗？抑或这真的成为一个问题了吗？煤矿产业会摧毁美丽的乡村，甚至破坏生态，真的是这样吗？西拉俱乐部会不会有一些这方面的有用数据呢？

● 可能只有烟煤产业疲软，而无烟煤产业正在蓬勃发展。当然这需要煤矿企业的交易数据。所以你可以打电话给较近的、大的煤矿开采公司，并在公共关系部门找到它的名字和地址。

● 也许煤炭产业的状况是好的，只是维卡赫斯出现了问题。但是维卡赫斯的问题并不像波卡诺卡，后者的困境就像“衰退区”的原型。你可以通过劳工统计局查阅该地区的失业率。

不仅要在项目开始时给自己写这样的备忘录，在任何你陷入疑惑或恐慌的时候这样做都会对你有所帮助。在这些前期判断的帮助下，你可以设计、执行、定期调整研究策略，以应对在获取和利用信息过程中出现的各种可预见的变化。

- 分配相关资源：随着时间的推移，你会越来越确定应该知道什么样的知识以及如何获取它们。
- 掌握获取资源的途径：（a）你将越来越擅长采访那些既繁忙又充满敌意的人，并得到一些没有公开的数据；（b）当然，你也不可避免地会逐渐耗尽这些获取特定资源的途径，所以你必须尽量珍惜这些资源并只在合适的时候使用它们。
- 收集背景知识作为支点：随着时间的推移，你需要逐渐提升自己从难以处理的资料中分析数据的能力，因此你需要增加背景知识。
- 维护你的政治信度：研究过程本身会创造一种环境，它可能会帮助你，也可能会阻碍你采纳和执行你（或者是你的委托人）的最终建议。

由于解决某个问题的最佳策略可能和解决其他问题的策略相冲突，所以在分块讨论完每种问题的解决之道后，本章的最后将对如何同时权衡所有必要的策略做一个简短的叙述。在本书中，我自始至终假设读者是虽然受过社会科学的学术训练，但在政策研究领域都毫无经验的生手。因此我在某种程度上会间接提到政策研究方法和社会科学研究之间的一些不同点。我相信这种比较对那些凭着直觉进行政策研究的研究者厘清他们的研究方法也极有益处。

另外，还必须进一步分清目标群体。我们总是在特定的资源和约束下——可能来源于你自身的经验、个性或者制度定位——开始自己的研究。虽然制度定位对于设计一种理想的研究策略非常重要，但本书不准备讨论这个问题。值得一提的是，对于立法机构的助理而言，他所面临的资源及约束与行政官僚机构的助理是完全不一样的，与那些基于校园研究的学生公共利益研究组织（PIRG）则更加不同。但是不管怎样，本书所提供的研究策略普遍适用于所有的政策研究。

2.2 分配相关资源

与大多数的社会科学研究不同，政策研究大部分是派生的而非原创的。这意味着它总是立足于他人已经发现的数据和理论之上。只在少数情况下，政策研究者需要收集新的数据或构想新的政策理论。政策研究者的任务是发现、收集、解释、批判和综合别人已经得出的理论和数据。诚然，社会科学的研究一般也都遵循这种模式，但同时其更为注重原创性。在一定程度上，政策研究者是专家之上的专家，而这些有经验的专家都是相当熟悉该政策领域的人。

查阅相关资料，咨询有关人员

在政策研究中，几乎所有的信息、数据和观点都有两个来源：文件和相关人员。我所说的文件是指一切可以被读到的东西，比如网站、期刊、书籍、报纸、杂志、政府报告、统计档案、政府部门备忘录、施政说明和工作简报等。我所说的相关人员则是指所有可以接受咨询的人，而不管其是个体还是群体。任何政策问题的研究都必须细查这两种类型的资源。

必须避免顾此失彼。有些时候人们很容易习惯性地落入这样的陷阱：如果你一开始就采访专家、有经验的管理者和其他全面了解信息的人，你会一直采访下去直到你发现你有必要重新定义“采访”以及你做政策研究的目的。你可能会忽略掉，专家意见也是从文件中获得的，并且大部分专家告诉你的内容可以在政府部门的报告、立法听证会记录和相关法律、规定中找到。

另一个使人顾此失彼的原因是个人倾向性。有的人喜欢在图书馆和网络上开始自己的研究，而有的人则比较专注于实地考察。通常来说，我们不仅要会利用这两种获取资源的方式（文件和咨询相关人员），还应该学会交替使用它们。一次采访之后应该转向网络或者图书馆，紧接着再进行新一轮的采访，如此周而复始。但从另一方面来讲，如果要收集和研究大量文献资料，那么在统一的时间跨度内安排和执行实地调研任务的效果可能会更好。

一般来说，在调查时，一项资源应当能指向另一项资源，进而带出其他的媒介，以便于我们确定下一个调查对象。具体说来，一个受访者应该能引出其他的受访者，也可以引出其他值得阅读的文件资料；一份文件可以引出另一份文件，也可以引出合适的受访者。所以，总的说来在知识树上一共有四个分支，下面我将逐一谈论。

由人及人。通常来说一个受访者在采访或谈论中，会自然而然地提到其他人。“你见过 X 吗？他对这方面很在行……”，这样的信息常常会被类似于这样的问题激发出来——“在这个问题上，和哪些人谈会比较好？”或者更直接的，“我下一步应该去找谁谈谈比较合适呢？”但是为了避免过于直接，你应该以探求的口吻来提问："你认为我去和X谈论这个问题是否是一个明智的选择?"有时你可以直接问这个受访者是否可以在约见下一位受访者的时候提及他的名字。这样做能使他有机会拒绝公开他的名字以保护自己，也会激励那些想要公开姓名以提高自己知名度的人，因为他们相信提及与知名人士相识对自己是有利的（换言之，A可能希望B知道A曾在人前说起他是一位有见解的人）。要确定这位受访者给你提供了完备的联系方式以确保你能联系到他推荐的下一位受访者。

知道应该回避哪些人也是很重要的。如果这位受访者是可信的并且的确于你有益，他可能会谨慎地暗示你，"如果你去拜访X，你可能会发现他有点保守，甚至有点冷漠"。在这种情况下，除非X是下一个环节中无比重要的人物，否则在万事俱备之前不要试图接近他。另外，在咨询过程中，你会发现一个人对谁比较友好，和谁又比较对立。如果你想开展一项新项目，这些人际交往信息对你勾勒项目的政治或行政可行性将大有益处。

由人及文。就像你可以问一个受访者你应该去采访谁一样，你也可以问他接下来应该阅读些什么，以及如何获得这些资料。在你拜访受访者的办公室时，通过浏览书架、桌子上的文章、书籍，粗略记住标题、作者或者撰写的机构就可能获得一些有用的线索。并且，有时即便你无法确定某一份文件是否与调查相关，但只要受访者愿意给你，就一定要带走。日后，这些资料可能带给你意想不到的收获，或者在你想引用这些文件时帮你省去跑图书馆的麻烦。最后，要把你自己的邮箱地址添加到和所研究政策议题相关的组织的邮件列表中，这样你就能收到最新的报告、简报和公开信等。很多部门会有电子版的预算或其他数字化信息，你可以询问它们是否能够把这些文件发给你，当然允许你拷贝在移动存储设备中带走就更好了。

由文及文。一个真正写过历史学或其他社会科学论文的人就会知道如何通过链接、脚注和文献由一篇文章追踪到另一篇文章，在政策研究中也是如此。甚至于一些在严格的学术论文中不能使用的资料和证据，在政策研究中可能都是有用的。这些资料和证据包括所有在该政策领域中长期负有责任或者感兴趣的部门、组织甚至是个人的赞助的研究、工作报告、施政说明书，或其他任何有价值的材料。

研究一旦开始，"由文及文"的资料搜寻方式就会自然而然地产生。唯一的问题是从哪里开始这样的研究搜寻工作。最简单的起点当然是网络，通过谷歌或其他的搜索引擎，你可以在政策倡议团体的网站上找到大量的关于问题及其解决之道的资料。这些网站通常包含许多有价值的信息和更进一步的链接，是获取资源的一个有效途径。但由于它们通常是片面的，所以你还应该去找一找持相反观点的政策倡议团体网站。

当然，搜索这些政策倡议团体的网站只是一个开始。一些智库的网站往往更有用，比如布鲁金斯研究所（Brookings Institution）和美国企业研究所（American Enterprise Institute，AEI）。这些主流的智库类网站每年都会推出大量与政策相关的论文，几乎涵盖所有公共政策领域。这些论文的有用之处在于它们把社会科学的理念（由知名学者提出的）同实际问题相结合，并且论文通常会有涉及某一政策的文献综述。布鲁金斯研究所通常被认为是一个“自由派”的智库，而美国企业研究所则倾向于保守主义。这种区分可能有一定的道理，但这些研究所绝不会为了这种标签而在研究中妥协，这会损失自己的声誉。公平来讲，它们至多是有政策倾向性，而非政策偏见。这一说法应用在自由主义的预算和政策优先中心（Center on Budget and Policy Priorities，CBPP）和保守主义的遗产基金会（Heritage Foundation）、卡托研究所（Cato Institute）上都是成立的。在环境保护领域，最有名的智库是未来资源研究所（Resource of the Future），它倾向于采用成本-收益分析路径来研究环境政策问题。

一些隶属于政府部门的研究机构的网站也可能很有用，尤其是当你研究一些立法和规制问题时。国会预算办公室每年都会进行成百上千项的研究，而且其中的许多成果会在网上发布。联邦政府会计总署也是如此。

另外，不要仅仅满足于这种在公共搜索引擎上搜索到的信息。如果你可以使用大学或者政府部门的内部图书馆资源就更好了。大学和政府的图书馆通常会订阅报纸和杂志的全文阅览数据库（Lexis-Nexis），以及一些学术期刊的摘要和全文数据库（如 JSTOR）。CQ Researcher Online 提供的 CQ 网上搜索引擎可以提供 1991 年以来的完整期刊文章搜索服务。国家期刊（National Journal）搜索引擎也有类似的功能。

不过，由于网络资源太易于获得，人们很容易就忘记书籍资源（除非它们已经上网了）。遗憾的是，互联网的书籍搜索功能又远远不及对文章和一些短暂易逝的资料的搜索。所以要找到书籍类的资源，最好的办法是看看业内的专家和学者的推荐书单。你可以检索期刊论文的参考文献的作者，然后用上文提到的“由人及文”的策略，去向他们咨询。

由文及人。一旦读过一些专家的著作，你可能就会很希望当面或电话咨询他们。但你得谨慎一点，以免搞混了名义作者和背后的真正作者，尤其是这位名义作者恰好是政界的个人或组织时。举个极端的例子，最高法院的判决书名义作者是一些法官，但真正的作者一般是他们的书记员，他们从辩护律师的文件中提炼出绝大多数将在判决书中出现的论辩观点。所以你常常要越过封面上的名义作者，找到在扉页或序言中提及的真正作者。

寻找二手资料

要想知道参议员 A 对于一项政策问题正在想什么、做什么，你并不需要直接去问他本人，会有成千上万的人知道问题答案（至少是部分答案）。但是你应该谨慎地使用这些二手资料，并不断地进行检查以剔除偏见和谬误，但这并不是说对待一手的资料就可以不用这样，它们可能也有自己特有的偏见和事实错误。我们可以用法律案件做一个类比，一个从证人的口中而不是从被告口中推断“真相”的人，在需要推翻自己假设时总是感觉很困难，并且容易莽撞。很多时候一手资料只能作为其他资料的补充，尤其是当完全信赖一手资料可能危害最终研究报告的可信度时。

在一些需要探究政治可行性的研究中，二手数据显得尤为重要。比如，假设你的政策倡议是将所有救护车都集中于市警察局，你就需要评估市消防队队长可能出现的反应。你可以直接问他本人，但他可能不愿意表达自己的真实感受，尤其是当他正想要利用默认来换取更好的地位或互惠利益的时候。可能从原则上讲，他是同意甚至是乐意看到这一改变的，但是如果从政治上的博弈来考虑，他很可能不会这么说。或者说，他其实是反对这一倡议的，但是又不愿意承认自己是人们口中所谓的阻挠者。在这两种情况下，消防队队长并不是一个可靠的信息来源。最终，直接问他的意见或许是可取的，但你可以通过挖掘二手资源获取同样甚至更多的信息。比如你可以咨询资深的市政记者、普通的消防员、市长办公室的工作人员，或者是警察局的工作人员。

挖掘一手资料的多种来源

假设你现在想知道警察局和消防队过去的关系如何。它们之间是合作、交恶还是互不关心呢？如果由于种种原因你不能直接询问消防队队长，不妨向警察局局长咨询，因为他也是这种关系中的一方。他的观点和说法可能与消防队队长不同，但由于他曾参与其中，所以他的认识还是具有指导意义的。

这个原则还适用于许多其他的场合，比如你想知道某一次你恰好没参加的会议到底发生了什么，你可以向不同的参与方询问。如果你想知道某一位特定的参与者在会上到底说了什么，你不见得要直接询问他，你可以询问出席会议的其他人员。如果你想查看史密斯给琼斯的便笺，只要你觉得合适，你就可以询问两人中的任一方，这取决于你认为谁更合适，或者你也可以从第三方那里获得一份复印版①。

搜寻知识及其来源

在政策研究的初始阶段，你得面对双重的不确定：你不知道自己应该知道什么知识以及从哪里可以学习这些知识。这两者互相依存，减少了其中任意一方的不确定性，都会使得另一方变得明朗。

首先考虑一下你在确定应该知道哪些知识时会发生什么。同时，你通过前期的咨询排除了一些不相关的资源，由于逐渐明白你的研究目标是什么，你可以更有针对性地搜寻一些更具相关性的资源。这是一种经典的研究模式，一种最终可以确定资料收集策略的方法——通过一系列渐进的知识目标，来确定资料收集策略。这种方法不仅适应于政策研究，也适用于任何一种社会调查。

与这种方法相反的另一种模式也是有效的。由于搜寻资料的时间成本和人力成本都比较高，所以当你发现一处丰富的资料库时，最明智的做法就是集中地挖掘它，即便这种挖掘会稍稍改变起初的知识搜索目标。假设你想对如何降低某州的重复犯罪率提出立法建议，但该州的数据可能不是那么丰富也不是那么有用，如果其他州的统计部门在犯罪率统计方面已经做出杰出的工作，那么这个时候就不妨多挖掘这个不那么相关的资料库。

不过，这种实用主义的知识搜寻方法有一种隐藏的危险，就是你可能花了大量的时间在这个看似丰富的资源库上，但其实更丰富的资源库就在不远的拐角处。这也是为什么在研究伊始，我们需要花大量时间去调查各种可能的资料来源，并对政策领域和可能的资料收集策略进行广泛的概述。初步调查结束后，我们方可返回那些看似极为丰富的资料库中。这一步骤可以帮助我们抵御第二种，也是更可怕的危险——我们被资料牵着鼻子走，忽略其他更理想和可行的知识目标。归根结底，必须在目的（知识）决定手段（来源）的经典模式和实用主义模式（尽量挖掘手头的资料库）二者之间寻求某种平衡。

---

①　系统地利用二手资料和寻找多个一手资料来源的观念是不符合大多数社会科学研究的精神和实践要求的。社会科学研究的代表性假设是，当你想了解一个人的精神世界或行为时，这个人本身就是最好的信息来源。这样的研究主要考虑的是，如何设计测量工具和访谈，才能在最大程度上保证事实不被扭曲。通常，这种研究方法比较适用于基础研究和基本问题，它们的主要目的是为单纯地理解某个问题而获取单一的数据。但是在政策研究领域，我们的目的是充分地理解这个复杂的世界，我们要评估每一个替代性政策。未来具有很大的不确定性，很多的不可控因素会成为未来行动的一部分，因而对于过去和现在过于精确地描述反而会阻碍政策的制定和实施。

2.3 获取机会与帮助

争取一个访谈的机会可能会比较艰难。如果你想采访众议员琼斯，你必须说服他的预约秘书，让秘书明白你的事情非常紧急，任何情况都不能将你延后。然后你必须预约一个相对较近的采访时间，而且即便琼斯第一次爽约，第二次依然没有出现，你依然要坚持。如果你想再次采访到琼斯，你就必须要忍痛坚持，并且也许在第一次访谈时通过你的行为就能促成再次访谈。

你得学会争取被调查者的帮助，尤其是那些容易接触到政府部门绩效和预算数据的人员。通常来说这些数据仍处于原始状态——这意味着这些数据已经录入文件，但尚未进行核对，也未制成表格。有时，这些数据处于半成品状态——这意味着数据已经经过核对并表格化，但尚未以一种研究者可以理解的方式发布出来（可能尚处于局内人明白其含义，但研究者很难明白的状态）。在这种状态下，你可能想要了解那些在数据分类中看起来不一致的地方，或者是特定的数据分类所代表的含义，因为政府的相关官员正是在这种分类的基础上做出决策的。

最后，虽然数据是为各种公共目的而服务的，但其肯定不能完全符合你的使用目的。比如犯罪行为管理部门的内部统计部门发布了关于犯人释放和再犯的报告，但是你不能从这份报告中看出他们对所谓的初犯的先前逮捕和定罪记录的确定有多可靠。他们的依据是缓刑监督官的报告、监狱报告还是来自其他州的记录呢？这些数据的结构性误差甚至不为这些部门自身所知，也就更不可能被公众所知。在这种状况下，上述提及的原始及半成品数据，均需要政府部门提供帮助进行解释，而它们能在多大程度上提供帮助则取决于（至少在一定程度上）你和该部门及其工作人员的熟稔程度。

预　约

作为一个政策研究者、一个采访者，是什么让这些受访者接受你的访谈呢？应该说是美国人的习惯和道德原则——我们所定义的礼貌的一部分——让这些受访者无法拒绝。你可以设身处地地想这个问题：如果有人想和你说话，虽然仅仅是通过你的预约秘书，你依然得做出回应。当然，你要采访的这个名人越繁忙，越有权力，越有政治能量，就越不可能仅凭这种礼貌效应接近他。这种情况下，你不妨诉诸一种“贵族义务”的意识，即让他认识到关心你想访谈的这项公共事务是他的义务。如果你恰好有可以动用的高层关系，你不妨诉诸这种阶层特权。另外，很多名人对这种外部的采访会感觉很荣幸，哪怕你仅仅是一个政策研究者。

除了求助于礼貌或者人的名利心之外，其实最有效的方式是向他展示政策研究的政治意蕴。试着表明你的研究成果与他（或他所在的部门）的政治命运和抱负是密切相关的，这将使他不得不谨慎地与你合作，接受你的访谈，并表明他（或部门）的观点，当然他的主要目的其实是想试图搞清你所做研究的政治含义。为了实现这一步，你必须在电话预约中快速释放出这种政治暗示，如果预约秘书的政治敏感度不高，你还需要将意思表达得更直白一点。为了避免电话交谈或者秘书预约的不可控性造成的疏漏，你可以在电话预约之前，用书面的方式表达你的访谈请求。

由于这些受访者可能彼此熟识，他们之间可能会谈论你和你的研究，这种情形是不可避免的。既然你希望这样的讨论符合你的利益而不是与之背道而驰，你就应该努力树立一个有能力、知识渊博、有声誉、有影响力的政策研究者形象。当然除此之外，一些策略性的小技巧也不无裨益。比如，可以和他们混个脸熟，参加你的潜在受访者也会参加的会议，出现在他们常去的餐厅和活动场所。通过参加一些半公开的会议，或在公开场合和一些重要的人物交谈以显示自己的能力。如果你表现得令人厌烦或愚笨无能，这些熟悉感会适得其反。因此，明智是必要的。此外，在这些会议中你要尽可能地表现得思维敏捷、擅长批判。笔记本或者手提电脑都是好的道具，也是方便速记的好工具。同样，气氛活跃的交谈（通常是观察到的而非无意听到的）也可以提升你在别人心目中的形象，同时切忌使自己成为两个受访者之间的传话者。

实地访谈一般进展缓慢，不太顺利。大多数时候你在别人的日程表上只是一个可有可无的角色。从你提请预约到最终的见面可能要花费几天甚至几周的时间，而受访者的爽约和日程调整会使这一等待的过程变得更为漫长，有的时候对某些人的访谈就好似一场遥遥无期的等待。如果这个受访者的耽搁会影响下一位受访者，这个问题就尤为尖锐了。为了将这种无谓的损耗降到最低，我们可以同时预约两到三位彼此独立的受访者，这样任何一位受访者的延误都不会耽误你的整体研究进度。

创造机会

对组织或个人的多次访谈与一次性访谈的策略和定位有很大不同。在一次性访谈中，礼貌无甚重要，关键是政治上的驱动力。由于大多数政策研究报告对于特定的组织或个人持批判态度，一些访谈大门将不可避免地永远关上。除非你能找到其他的门路，否则对这种拒绝确实无可奈何。如果你的研究和他们存有某种政治契合性，一次性访谈可能会略微顺利一点，但总体说来帮助不会太大。相反，多次重复访谈依靠的则是人际关系的开拓和维护，以及人与人之间的善意，这对那些不擅长迅速展示自己的友好和亲切态度的人来说是有难度的。善意一般从细微的情节中产生，比如你是一位人类学家，你正在研究某一个部落的族群，在被允许观察某些神圣的仪式和习俗之前，你必须要在那里生活几个月。

一个不言自明，但又必须在此指出的提醒是调查者应该遵守最基本的礼貌。守时，着装得体，这意味着你得和你的受访者一样着装正式；态度友好，但不要过于热情乃至显得唐突。录音是保存记录的好方法，如果你要录音，一定要确保录音设备不会发出什么突兀的声音，并要向受访者表明录音仅供你个人的研究使用，而且在他们不愿意接受录音时要马上停止①。

那些帮助你比较和分析政府部门数据的人总是会认为他们“帮了一个大忙”，他们很乐意渲染他们是如何费尽心思不顾上级的反对，最终向你提供帮助的。作为惯例，对于这种格外的帮助，你尤其需要表达你的感恩之情，这样一来，一些比较合作的受访者知道你可能对他最近的演讲比较感兴趣，也会发一份演讲稿的复印件给你，或者他们会把你列入某次酒会的邀请名单，从而可能让你意外地遇见许多潜在的受访者。一般说来，只要你愿意让别人知道你乐意接受此类邀请，这种机会和帮助也是不会少的。所以记得要经常把自己的电话、传真、电子邮件和邮寄地址留给别人，以便收到此类信息。你也可以把这些信息印在名片上。相较于其他的研究费用，这项花费可是一本万利。

机会耗尽

访谈机会除了可以被培养、经营外，也有可能被耗尽。虽然在一些场合中，混个脸熟可以增进人和人之间的善意和关系，但有些时候却可以毁掉这种关系，极端地说，可能会出现“见光死”的情况，即你一旦出现在某些场合，所有的关系就都会一落千丈。这种极端的场合包括受访者疲于自我辩解的时候，或者他正和人争吵的时候，或者他正分身乏术的时候。稍显温和但仍旧会破坏

① 如果你的采访中涉及敏感材料，你要告诉受访者你会提早关闭录音设备。

彼此关系的场合还有受访者只能接受两个人的采访，当你预计到对某人的采访要吃闭门羹时，你不妨推迟采访，直到各方都预备妥当，那时你才可以支撑一场更有效率的访谈。

其实在研究初期，稍稍推迟对这些重要人物的访谈根本不会引发多大的问题，因为还有一大批的人可以帮助你推进研究进程，比如一些层级较低的官员、行政人员或者公共关系官员等。有的时候你还可以从一些退休官员或者部门之中的反对派①口中获悉一些重要的信息。这些旁敲侧击的方法一般能奏效，尤其是在研究早期囿于一些原因无法接近高高在上的实权人物的时候。

调查者的声誉也是容易损耗的。严肃地讲，这并不仅仅是说这种声誉有丢失的危险，它更可能会转化为一种负资产。你之前的公正、独立、中立、谨慎的形象可能会彻底翻转，人们会认为你是一位狂热的党派分子，一个以讹传讹、容易上当受骗的傻瓜。为了避免这种声誉的负债化，调查者要避免有任何党派倾向或狂热轻率的举动。就像我之前所指出的，调查者要有智慧并自重。

2.4 进行政策研究访谈

完整的政策研究实际上可以变成一种政治资源。无论理性的政策分析有什么样的优缺点，它的作用远远不止于此，它可能会成为某一政党攻击政敌的有力证据，或变成面对攻击时的自卫武器，在一场场舆论大战中扮演着说服别人的角色。虽然政策研究报告的语气和行文总是显得客观公允、不偏不倚，但每个人都知道，任何一份政策研究报告都服务于特定的政治目的，而不论这一目的是作者的还是其他什么人的。故此受访者会对他说的每一句话都非常谨慎，唯恐流露出什么政治倾向性。受访者如何对待你，很大程度上取决于你的研究与他个人及其政治利益有多大关系。

由于担心自己的言论会泄露什么政治意蕴或倾向性，受访者一般会显得犹犹豫豫，不能自由、诚实地表达自己的心声。你要假设所有的受访者都或多或少地要面对这个问题，只是你可能不知道其程度如何。甚至有的时候，你必须使用一些巧妙的方法与受访者“斗智斗勇”。在谈论一些更重要的采访问题之前，我先对一些常用的政策研究采访策略做一个简要的介绍。

---

① 我在古德曼学院的前同事威廉·尼斯卡宁（William Niskanen）讲，在美国国防部中两次错过晋升机会的陆军上校通常是非军事政策分析家的有力支持者。

活跃气氛，引导谈话

访谈是你和受访者之间互动的过程。受访者应该是主要的说话者，而你的主要任务首先是鼓励受访者开口说话并使其不停地说话，然后在获得足够信息的情况下引导、转移话题，或者针对某一话题进行更深入挖掘。

除了政治利益上的考量之外，这些受访者其实也很愿意和你分享他们的故事。可以这么说，许多政治家、官员和要员认为，他们比较有价值或最有价值的工作，通常是在幕后完成的，并不为人所知或会被人低估。所以他们很乐意向你讲述这些故事，并期待你能成为对外传播他们故事的管道。有些人还想让别人更好地理解他们“故事的另一面”，因为对流行的版本不甚满意——如果你恰好之前没听说过，你会惊讶它是多么兴趣。

在大多数社会科学研究的访谈中，访谈者的定位应尽可能是一个中立的数据记录者，然而这一经典定位却并不适用于政策研究。虽然受访者认为你应该是一位中立的观察者，但作为政策研究者，你表现得过于中立反而不合时宜，因为你的全部努力都是为了提出某项政策倡议。所以你不必害怕向受访者提出一些具有挑衅性，甚至是争论性的问题或评论，反过来你自己也要勇于回答这些问题。这种智力上的交锋会激励受访者的思考兴趣，也会调动他的记忆，并促使其全身心地沉浸于访谈之中。如果方法得当的话，受访者不仅不会觉得这样的智力交锋是一种冒犯，反而会表示欣赏。如何得体地表示自己的异议，甚至与受访者论辩呢？其中一点是在辩论的时候不要显得思想顽固、充满敌意。理想的表达异议的策略是要给受访者预留话语空间，使他可以平稳地从棘手的问题转向另一个话题，而不致使访谈陷入难堪的沉默。

很多访谈是在受访者的办公室开展的，但有时不妨约在一些更随意的场合，比如餐厅、咖啡馆。在这些场合中，你的记录方式最好也随意一点，比如可以记在随手放在包里的信封背面。

除了活跃气氛，在访谈中你的另一项主要任务是将受访者引到你感兴趣的话题上来。如何做到这一点呢？

有时你必须介入受访者滔滔不绝的讲述，以提示他你的存在，也避免他忽略太多的细节。通常来说你可以通过问一些关于他正在谈论内容的细节问题来实现打断的目的，但这些问题必须是容易回答的。为了与你感兴趣的话题相衔接，并顺利过渡到下一个话题，这些小问题，或至少这一串小问题的最后一个问题必须和下一个话题有关。比如，假设你正访问全国社会服务全覆盖办公室总指挥，而他正在谈论他们部门和首席行政长官（CAO）的关系。对于这个话题，你已经听了很多，现在你想让他讲一讲美国住房和城市发展部（U. S. Department of Housing and Urban Development，HUD）每年拨付给他们部门的财政预算。你可以做如下的引导：

受访者：……所以你看到了我们和CAO的关系就像和魔鬼战斗一样，当然，这可能不是他的错，但是监事会的确太保守了，而CAO为了连任又需要他们的支持……

调查者：[打断] 对，他正在为今年的连任做努力，对吗？

受访者：是的。

调查者：但至少他不会控制你们的财政预算，对吗？

受访者：完全正确。

调查者：不过据我所知HUD会控制你们的财政预算，你们和他们的关系怎么样？你们每次都能获得和预算一样多的财政资助吗？

关键是不要掩饰自己想引导受访者转换话题的企图——虽然很多情况下的确需要如此。关键是要帮助受访者在不失去劳动力或感到尴尬的前提下，从容地从一个话题转向另一个话题。有的时候他自己也很想跳出一个让他颇感尴尬和深陷其中的话题，这个时候你要做的就是帮助他摆脱这个问题。如果你暂时没想好下一个话题，不妨问一下那些似是而非、不需要太深思熟虑就可以回答的问题。在这个短暂的思维休息中，你们可以调整思路和情绪，以预备进入下一个关键的问题。

当谈到某个知名人士的较为私人化的信息时，访谈会变得很微妙。受访者必须确认你不是一个捕风捉影、猎取八卦信息的人。他要确保自己不会成为谣言的始作俑者，你也不会以讹传讹。在这种情况下你可以用一种中正平和、基于事实的方式将这位名人引入访谈内容。

调查者：之前你提到过南方社区医疗联盟（Southside Community Health League）。格林医生在该联盟任理事长已经一年了，还是两年？

受访者：可能快两年了。

调查者：可能是我对他的前任布莱克医生印象比较深刻，所以他的任期看起来似乎没那么长。

受访者：对，布莱克医生是之前的理事长。

调查者：虽然我从其他方面也听到一些赞扬的声音，但是人们似乎对格林医生颇有微词。

受访者：是的，他是一个富有争议性的人物。他是一个很强势的领导人，对我们也很好，虽然更多的时候我们主要是和他的副手怀特先生联系。

调查者：怎么会？

交谈是逐步转向名人的私人信息的，在这个过程中访问双方的谈话彼此促进，双方都要为任何谣言的产生负责任。由于谈论名人太过敏感，有的时候你不妨在访谈中提及一些无关紧要的人物。这样的话，当你真的想在访谈中讨论一下某个名人时也不至于显得太过突兀。

如果在交谈中，受访者谈论起他和某人的过节和不悦，你也要尽量在社交、人际和政治上与那个人保持距离。调查者提到相关人物时用的是“格林医生”，而非“比尔·格林”，而且以对其职业生涯的不熟悉来暗示自己和他并不相熟。即便受访者对某一个谈论到的名人说了什么恭维的话，你也最好表明一种相反的态度，因为和任何人太过亲近都容易引起党派化的猜疑。

“撬动”防卫型的受访者

有时候你会遇到一些防卫型的受访者，他们的经典反应是“无可置评”或“四处回避”。你要做的是，在访谈之初就直面并解决这个问题以便据此来重新设置你的访谈目标。有一些具体问题只有这位受访者能够提供有效信息，所以你的访谈最好集中在这些具体问题上，因为除此之外别无他法。既然你得花大部分精力去破解受访者的防线，那不妨开门见山地问一些具体的问题。

完成了这些初步工作，访谈便开始进入具体问题的领域，这个时候你可以采用一些起杠杆作用的策略。首先，要让受访者充分明白你对他的这种防卫情绪心知肚明，而且你也无意去卸除他的这种情绪。你可以试着让他明白他的防卫情绪其实毫无作用，因为你通过其他渠道已经所知甚多——一些人已经告诉你很多，还有一些人将会告诉你很多。你可以暗示他，相比他自己来揭示，来自其他渠道的信息可能对他更不利。所以他没有什么好失去的，诚实地回答反而可能对他更有帮助。在这个过程中，尽管有被拆穿的危险，但在必要时你还是得吹嘘。当然最好的办法还是有一说一，尽可能不要诉诸欺骗。

下面是一个关于此类采访的例子，访谈中，调查者正在努力地“撬动”一位当地杰出的保险公司老总：

调查者：针对保险公司对贫民窟地区商人设立的保险业务这一问题，

我希望能够获得更多信息。

受访者：[沉默。停顿。]

调查者：我的意思是，这种保险业务是存在风险的，它可能会产生许多问题。

受访者：[沉默。停顿。]

调查者：总之，人们认为他们是有风险的。那么，保险业的专业人士也是这么认为的吗？

受访者：我不确定。

调查者：好吧，黑人商会（Black Merchants Association）中的一些人声称，保险公司从来不代理他们的保险业务，他们是已经被划分为不能代理的风险一族了吗？

受访者：这个我真的不知道。再说，签订保险业务本来就是风险学，不是吗？

调查者：[认定受访者大概不会提供有关保险业理论与实践的任何信息，或者尤其不会提供关于当地保险从业者的相关信息。猜想受访者可能更愿意探讨自己公司所应用的信条和规则，并且因此决定仅仅关注受访者所属公司的实践方面的信息。]可能我需要更具体地阐述一下我的问题。在基岩灾害保险公司（Bedrock Casualty Company），你们会因为投保者的职业风险过高而拒保吗？

受访者：我不确定。我们的公司这么大，我并不熟悉所有的操作细节。

调查者：当然。[让他明白，对于这个问题他是不可能搪塞过去的。]既然这样的话，可以请您或您的秘书安排我同熟悉该业务的人员谈话吗？[寻找一个不一样的支点。]但是您要告诉我哪几类职业风险是不接受投保的。贵公司会告诉保险推销员，公司确保在任何前提下都会向投保人支付足够高的保险金吗？[转移话题，让受访者措手不及。]或者是对保险金的额度有一定的限制吗？

受访者：嗯，我们不愿意承担过高的保险金，当然……

调查者：[打断。]所以，由于当前对保险金额度的限制，可能确实有些业务由于风险过高而不能投保，也就是因此被拒保，是吗？[保持进攻。]取消保单的问题又如何呢？基岩曾经取消或拒绝续签贫民窟地区商人的保单吗？即使他们最近没有提出过任何索赔。黑人商会对这个问题也颇有微词。

受访者：[认定调查者了解的远远超过自己的认知，寻求先发制人的保护措施对抗黑人商会的言论。］是的，在暴乱倾向较为严重的地区，我们取消过一些保险业务，也出现过拒绝续签保单的情况。我们别无选择，因为一旦遇到麻烦，我们将损失惨重。

调查者：［礼貌地忽略掉这些“供词”，然后试着引导受访者谈一谈他这一方对这一问题的看法。］当然，对此我们完全能够理解。我想大多数人也承认存在这样的问题。［现在，把目标对准单个的统计量，即在过去两年中，基岩在贫民窟社区取消或拒绝续签的保单总量的占比。］过去，你们在这样的地区签过很多保单吗？

受访者：是的，过去是签了很多。

调查者：你们现在仍然为该地区的某些企业提供保险业务，是吗？

受访者：是的，不过就像我说的，我不太熟悉这些操作细节……

调查者：［打断。］您能估计一下，两年来，像您刚才所提到的，未被拒保的客户的比例有多高？是80%还是20%？你只要给我一个粗略的数据就行。

受访者：相对于20%来讲，可能更接近于80%，但是我确实不太清楚。

调查者：［认定这将是个有意义的数据，值得深入挖掘。］我们能统计出来吗？

受访者：不容易。任何地区的任何文件中都不包含这类数据，并且计算起来也十分困难。

调查者：［不相信很难统计出这一数据，决定自己动手搜索文件，并且必要时也要采取虚张声势的策略。］许多人有这样的印象：基岩比其他保险公司更不愿意与贫民窟的商人签订保险合同。我不知道这一事实来源于哪里，但是我认为许多同黑人商会联系的律师一直在关注相关法律问题……

受访者：什么？我能保证基岩所遵循的业务准则同城里的其他公司是一样的，基岩绝不比它们差！我也想看看这些所谓的事实！

调查者：如果我对此有了更加深入的了解，我会很乐意告诉您。同时，我也很愿意尽我所能来帮助您收集贵公司在这一领域内各种记录的相关信息。

在没有得出结论之前我们就要中断这一情景对话了，因为事实证明，调查者已经尽其所能做到了最好。基岩灾害保险公司的老总可能提供了所需信息，也可能没有。我们要明白，好的访谈策略和战术并不能确保成功，尤其是在一开始调查者就受到不平等对待的情况下①。

防卫型受访者的常用策略是，一口气说出大量不相干的数据和事实，让那些单纯崇拜数据的调查者无所适从。另一个策略是，不顾访谈时间的限制，漫无目的、啰里啰唆地谈论次要问题。要对抗这种逃避策略，你就要能够透过现象找出它们的本质。

如果起杠杆作用的策略失败了，而那个难以捉摸的受访者又非常重要，那么，或许你可以求助于其他人。如果对方是坚定的防卫型官僚，作为研究者的你可能拿他没有办法，但是议员或者他的助理肯定是有一些办法的。因此，在万不得已的情况下，你可以向富有同情心的议员求助。有时候，记者和社团组织也能发挥作用。比如，当地的医学会能够从当地的医院管理者那里获取有关医院政策的信息，但学者，甚至是当地的领导却很难做到。

当然，具有杠杆作用的策略也具有明显的局限性，因为你是冒着偏离目标的风险而被迫与那些机构或个人保持友好关系的。对于一个已知的研究，我们可以推迟使用进攻性战术。等到研究不太容易受敌对政党破坏的时候，这个问题也就很容易解决了。然而，当你预想在受到密切关注的情况下同机构或个人保持长期关系时（可能目前研究工作已经得出了结论，但这种关系仍然要维持下去），问题就变得更加困难。你可能要为了维护将来的那一点点善意而牺牲掉某些信息。

2.5 用语言描述和校准

在一定语境中的口头交流是访谈交流的基本载体，在具体使用时，其会在心理方面产生信度和效度的问题。

【语义提示】最简单的是语言描述问题（虽然不一定非要解决）。如果受访者说："是的，这项工作令人沮丧"，那么你就要从性质和强度两方面来理解"沮丧"这个词，并且相对于较大的框架和比较基准，这样做能够使你的结论更准确。为此，你可以事先设计好一系列问题，在访谈中通过问答的方式，逐步

① 在这一场景中，调查者虚张声势的策略在道德上是存在争议的。虽然我认为，在大多数情境下这是不道德的行为，但在有些情况下，这也是合理的。在这个案例中，基岩的老总试图隐瞒所有的信息。他有权利这样做吗？正常情况下，他是有这个权利的，但是权利必须用来对抗不公正的行为。当位于贫民窟地区的商人愿意以合理的价格购买政府或商业保险时，基岩的做法便放弃了他们从商的基本前提条件。在这种情况下，调查者就有权利（虽然值得商榷）来对抗这种不公。那么基于对权利的考量，调查者仍有权利使用欺诈的手法吗？显然，调查者和基岩老总都不够诚实，调查者的欺骗手法比较明显，而基岩老总则相对隐蔽，二者扯平了。

得到更准确的信息。一个捷径就是你先提出自己的描述，然后观察受访者的反应。你可以说："如果我做这项工作，我想我会觉得非常沮丧。"这样你就快速地为你和受访者建立一个比较的基准——"非常沮丧"。当然，你也得知道你和受访者的描述是否指的是同一件事情，因为你们定位沮丧的标准可能并不相同，但是你的访谈已经有了一个良好的开始。

对于刚才的例子，我们还可以做进一步的改善以产生两方面的比较基准，也就是做一个整体性的描述，比较基准可以定位于两端，也可以在中间。比如，"您是非常怀疑这项政策呢——就像我从您刚才所说的话中推断的那样，还是十分赞同，或者你还需要再观望一下？"这样的表达既能表现出你对受访者的尊重，又能传达出你希望从受访者个人经历方面找到准确的表述。或者你也可以把比较基准定位在"他人"所说的内容上。

可以肯定的是，通过对所提供选项的描述，你让受访者不论在思考还是在表达这个问题时都会想一想这个单词的含义。在你提出"十分怀疑"之前，受访者可能从来没有从这个角度考虑过这项政策，所以你的风险在于，通过提问，你凭空创造出这样一个想法。但是，语言作为交流的载体所产生的风险是无法避免的。即使你像调查研究人员和记者那样使用表面上中立和客观的语言来表述问题，你也是在向受访者灌输一种思想。在作为比较基准使用时，更具煽动性的描述与调研手段和专业记者所采用的更为中立的替代品在逻辑上是一样的。

2.6 维护信度

像社会科学研究一样，政策研究最终也会在知识方面受到批评。但不同的是，政策研究在政治方面更加脆弱，尤其是容易遭受来自研究所涉学科的攻击。在社会科学研究中，学科对于研究产品的攻击并不多见，但对政策研究的批评则不可避免。因此，研究者需要采取措施，要么通过激励，要么进行严格的知识抨击，以维护其成果最终的政治可信性。

防御政治鼓动性批判

相对于社会科学研究而言，尽管政策研究的启发性是不可避免的副产品，但其主要目标并非启发才智（无论是你或你的团队皆是如此），而是增进对政策问题的理解，寻找解决问题的可行办法，指出问题的关键点并提出可靠的实施方案。如此一来，政策研究的对象就是宽泛而复杂的现象，故而总是追求“大致上的真相”，这一点和其他一些追求精准解释和确定问题的社会科学研究有很大不同，而这种“大致上的真相”恰恰会引发政治上的批评。作为研究者，你该如何维护自己？

首先，应当努力与所有政党（或任何部门利益）保持联系，因为之后它们可能试图通过声称自身利益被忽略来破坏研究报告。事实上，通过在报告中引述政党主张以抢占声明确实是个好主意，从而有了这一政党的观点被考虑在内的证据。例如，如果你打算运用推选某一学区负责人的方法来建议备选方案，最好的办法是对当地学校的管理者协会、国家教育委员会在当地的分支机构以及美国教师联合会进行访谈。这些团体的发言人可能会为研究项目贡献出有趣的观点，即使他们未能提出观点，通过咨询他们你也能防止他们对你报告中所提的建议进行批判并进而表示反对。将报告的初稿寄给这些利益团体以进行检验也能有所帮助。

其次，当你对一些见解、主张或推断不太确定的时候，可以借助一些专家或其他政治、智力权威的观点进行确定。引用出版物是方法之一，而另一种方法是引用访谈时的语录。此外，需要将在你的成果公开后愿意支持你的专家进行排列。报告中引用的资料作为观点的载体自然而然地成为爱刨根问底的记者和政治决策制定者的目标。当你的报告中的观点被质疑的时候，作为观点来源的资料自然会为这种观点进行辩护。

最后，需要特别注意潜在的反对者并明确他们最有可能攻击的主张。这些目标观点应提前引述专家观点支撑起来，需要将温和的参照观点转变成可用于反驳的论点，从而避免同时给他们太多的空间和重视。若预期反对者提出反对意见，则要对他们多加关注，避免被指责对反对声音置若罔闻（可能还有其他心理优势来达到平衡或二者兼顾，同时也是面向读者进行巧妙宣传的有利形式）。

数据对提升可信度大有帮助。用于这个目的，数据的记录功能要远胜于信息功能。数据对一般性结论的有效性进行了呈现，从而弱化了政治上的反对意见，尽管其真相通过更为印象主义的渠道而变得十分明显。

做好过早暴露的准备

政治家和政策研究人员忙于不同的时间表。前者通常在研究完成之前要求以任何形式得到"成果"。甚至无人提出要求，意想不到的机会通常也会在你的研究工作接近尾声时自己显现出来，这样你就能抓住这一幸运时机来展示成果。

一种可能的策略是制定出能够适应潜在政治需求的时间表，并且确保你的时间表至少有一部分是和政治需求保持一致的。另一种策略是针对可能向你提出的未经处理的问题尽快做好准备。由于政治家们普遍都不惜代价地要得到答案，这就可能需要你在研究过程的早期做好规划。最后，在早期列出支持你的专家，并与潜在反对者保持联系也同样重要。同时，又因为这些联系都终究必须保持，那么就有一个很好的理由这样做，且宜早不宜迟。

2.7 政策研究的策略困境

经过总结和推论，让我们考虑以下问题：哪个知情者该在何时出现？要回答这个问题，就必须对更早之前讨论过的大部分问题进行有益的回顾。

我们也许可以在研究项目的过程中通过定义"相对早期"和"相对晚期"而将"何时"这个问题一分为二。接近以下知情者，就处于"相对早期"：

- 研究信息来源丰富、可能推进你的研究的人；
- 为你的访问来源提供便利的当权者；
- 为你提供所需信息，从而避免因成果过早被政治曝光而遭受损失的博学之人，同时，他提供的信息将有助于增强你与保守的被采访者抗衡的能力；
- 一旦发生过早的政治曝光，能够帮助你建立政治可信度的友好专家；
- 你为了避免过早被政治曝光带来的损失而与之保持联系的潜在反对者。

接近下列这些知情者，就处于"相对晚期"：

- 与先前积累的可取策略对抗的敌对或保守的知情者；
- 一旦访问将永远无法接近，或如果提前访问你就无法充分了解的繁忙的知情者；
- 可能试图阻止你访问别人，从而弱化你的研究成果的潜在反对者，尤其是实权派；
- 掌握却不愿指出潜在问题点，除非涉及其自身利益的管理者。

在这两份清单中存在明显的矛盾——接近潜在反对者的时间或早或晚——而其他矛盾就没有那么明显。通常繁忙和保守的知情者处在推进搜索源头、开放门户、提供有用信息的最佳位置。例如，顶级机构管理者可能拥有解决调查研究中遇到的问题的足够经验，也能提供接近源头的便捷路径，但他们仍保持着维持现状或非常接近现状的固有兴趣。在所有事件中，他们也可能不愿让局外人对其活动观察得太过仔细。类似的例子也很容易想起。有一条原则是这些不兼容之处不可调和。你必须充分考虑你所处特定情境下的所有细节，然后对任何选择都固有的风险与收益情况进行权衡。这种权衡不可避免，只需让它们更具意识而非刻意打造。

第 3 章

“巧妙的（最好的）实践”研究：理解并利用来自其他领域的好方法

研究其他管辖区域、机构和地方采取的解决方案是非常明智的。我们总是希望去寻找那些成功的解决方案，试图准确了解它们获取成功的方式和原因，并且评估它们对于自身所处情境的适用性①。在很多领域，这一过程被称为“最好的实践研究”。尽管这个过程听起来简单平常，但却有很多方法论和实践上的缺陷。本章内容将帮助我们避免这些缺陷，并就如何从最好的实践的搜寻中获得最大的回报提供建议。

3.1 形成合乎现实的期望值

【语义提示】首先不要被最好的实践方案中所谓的“最好的”误导。我们很难确定某一个看似有用的实践方案恰巧是所有处理同一个问题或机会的方案中的最佳选择。要证明一个实践是“最好的”，需要进行广泛而细致的研究，而这几乎是不可能做到的。因此更谦逊地说，我们通常要寻求的是

① 如读者对第三部分的观点寻求更加科学严谨的阐述，请参考巴达克 2004 年的著作。

“好实践”。

甚至这种说法也可能有点夸大。通常情况下我们无法确定某个看起来好的实践实际上是否真的好，因为它可能只是表面看起来解决或改善了问题。如果仔细观察，臆想中的好实践可能根本无法解决问题。不恰当的衡量，加上过于乐观的态度，很容易产生问题严重程度已经减轻的错觉。即使真的出现了好的效果，所谓的好实践也有可能跟结果只有一点点关系甚至毫无关系。最后，简单地将在某一情境下运用成功的好实践推广到另一情境中，而该情境与先前的情境在诸多重要方面存在不同，但是我们对此却了解甚少，这样外推的效果可能甚小、违背意愿，甚至带来其他破坏性的后果。

当然，这些问题都不具有绝对性。即使它无法发挥作用，但是尝试进行最好的实践的研究通常会产生很多有趣的观念，包括哪些做法可以运行成功以及哪些做法可能无法运行成功。实际上，将这样的研究看成是“寻求实践中蕴含的巧妙观念”可能会更好。

3.2 分析巧妙的实践

“实践”是一种有形的、能够看得见的行为。当我们向一个项目管理者询问处理一些问题的方法是什么时，她会告诉我们她做了什么。特别要说的是，实践也是一种隐含的观念——一种关于实践采取的行动是如何解决问题或实现目标的观念——的表达。有些观念特别明智，我会进一步解释我如此评论的原因。对于体现这些观念的实践，我称其为“巧妙的实践”。

寻找免费午餐

有一种“聪明的”方式叫作不劳而获。这与通常所说的格言“天下没有免费的午餐”相反，富有创造性的政策制定者和执行者往往会花费大量的精力去寻找这样的东西，并且他们总能获得成功。要理解成功背后的原因，我们可以想象一下自然科学和工程科学所创造的丰富的“免费午餐”：一杯汽油里的化学键所蕴藏的能量能够使一辆汽车跑上几英里，只要你知道怎样获取和引导它；滑轮和杠杆能够提供机械优势；细菌非常乐于并免费吞食和破坏城市废水中的有机杂质。所有这些物质、设备和条件都可以归类为不劳而获或少劳而获，而所有这些恩惠都来源于自然的力量。

在社会领域，不劳而获的源泉并不是那么具体，也不如自然力量的恩惠来得直接，但是它们确实存在。市场的“看不见的手”创造了社会价值，尽管这只“看得见的手”只存在于个人对自身利益的追求中，但是它却无偿地创造了社会价值。按照字母表顺序，人们能够在相当短的时间内找到信息，而如果没有这一字母表顺序，人们是无法做到的。公交车站排队很容易得到认同，通常也被认为是公平的，它使每个人的生活变得更好。

毫无疑问，在政策和管理领域，免费或接近免费的午餐比市场领域、信息储存工具和公交车站要少，并且不那么令人愉快，但是这样的午餐确实存在。在表 1-1 里所列出的所有“机会”都有以相对小的代价产生一定的公共价值的巨大潜力。(关于“公共价值”的本质，请参阅 Moore 1996。）你会发现，（高）价值和创造这一价值的（低）成本与风险之间的差异便是免费的午餐①。

尽管如此，如果不做任何工作，机会便无法释放出它们的潜在价值。这项工作是通过充分挖掘它们潜能的实践来实现的，这些实践当然要花费成本，并且也易出现各种缺陷。不过，这些实践越是巧妙，它们就越能够以更小的成本和风险来创造更多的价值。

以下是一些巧妙的实践的备选案例。之所以称其为备选案例，是因为据我所知，它们还没有接受广泛的实证检验来证实其地位：

- 高期望福利-工作项目。20 世纪 90 年代，本人研究的加利福尼亚的里弗赛德县的“独立大道”项目是 1996 年联邦福利改革法案的原型。与其他的福利-工作项目不同，里弗赛德县的项目从两个层面对“独立大道”项目的参与者设定了较高的期望。该项目通过各种方式向参与者提供信号——项目的工作人员对参与者最终能够成功找到一份工作具有很大的信心和期望。这种信心旨在解决部分参与者因为具有不强的自尊心而很少为重新找到工作付出努力的问题。工作人员会通过项目规则向参与者提示要尽早努力去找工作并且通过各种正式和非正式的压力来暗示“社会期望的”福利参与者能够提高自己，承担起自身的经济责任。里弗赛德县的项目设立了招聘、培训、绩效评估和其他行政系统来支持这种高期望的理念。实际上，高期望模型利用自然的力量解决管理者在发挥项目参与者的潜能方面存在的问题。

- 一对一阅读项目。得克萨斯大学阿灵顿分校社会科学学院的乔治·法卡

① 风险的来源多种多样，请参考“描述一般性漏洞”部分。

斯（George Farkas）教授为那些在英语阅读方面落后较多的一至三年级学生创设了辅导项目。这一项目首先在达拉斯进行试验，然后推广到休斯敦及其他城市。这一项目包括音素感知的系统指导、培训良好的家庭教师一对一进行辅导和高结构化的反馈和督导等部分。跟其他立足音素学的项目一样，这一项目意识到英文拼写法与发音的匹配不具有系统性和逻辑性，因而从这点来看，学习者有必要掌握实际使用的解码和编码规则。它借助这样一个事实——忽视音素感知造成的儿童早期在阅读方面的失败能够通过有规律的辅导得到纠正。同时，它充分利用一对一辅导所产生的情感纽带的优势以及学生在经历了成功后所增加的动力。教学材料、教学方法和行政监视系统的简单化和系统化使得项目容易推广，成本也相对较低。

● 公园管理部门与居民共同分担社区公园的维护责任。非营利组织经常涌现出来，提供公共机构无法提供的非标准化服务，例如，男校或女校（same-sex school）、堕胎诊所。这一基本理念的延伸是建立伙伴关系，其中公共部门负责提供一定的资源，这些资源不仅是辅助性的，而且是补充性的。在大多数情况下，市政府提供公园用地，而居民则提供一些或全部的人力来开发用地，使用地在一定程度上能够提供更好的服务。这一实践充分利用了两种有趣的潜能：一种是双方交易产生的收益潜能，另一种是本质上的物物交换所产生的潜能，即克服了行政和政治障碍而使现金交易成为可能。

● "支出控制"预算。这一预算策略最先被加利福尼亚州的费尔菲尔德县采用，并通过戴维·奥斯本和特德·盖布勒（Osborne and Gaebler 1992）合著的具有很大影响力的著作——《重塑政府》引起广泛关注。根据最初的构想，这一预算策略是给予每个部门与往年一样的任务和预算（根据通货膨胀调整后），但是不对支出进行排列，允许部门保留余款并重新投资到其他与任务有关的活动中。这种方法利用了与财政控制机构的民选官员和官僚相关的项目执行者的高级的技术和运作知识。

● 对非营利服务承包单位的分阶段付款。1992 年，俄克拉何马州的康复服务部门开始规定非营利服务的承包者在达到康复阶段目标后才付款，康复阶段目标由绩效标准来确定——使精神障碍患者逐步具有受雇就业的能力①。客户可以参与到是否达到阶段目标的评估中，承包者需要帮助确定基本的阶段目标

---

① 这一项目是 1997 年参与福特基金会和肯尼迪政府学院的美国政府创新决赛的项目。本人的信息来源是创新项目的文件。

及项目的其他事项。阶段性付款体系也允许提前完成进度的承包者索要报酬，这样可以利用“人都是自利的”的力量激励非营利组织改进绩效。同时，这一付款方式比传统的一次性给付方式更加透明，因为在传统方式下，投资机构对承包单位提供的服务质量所知甚少。

- 康复服务项目与回收项目的合作项目。明尼苏达州的亨尼平县为该县有精神障碍的患者设置了职业恢复计划，即安排其及时分类回收废弃的汽车蓄电池，这也是该县环境管理部门所关注的对象①。这两个项目也因此利用了物质和他们所能调动的人力“资产”之间的生产性互补的优势。

【语义提示】在描述这些巧妙的实践时，需要注意一点，那就是本人提到每一个实践都“利用”了什么。这保证了我们在分析这些实践是如何成功时，能够注意到它们成功的关键方面——也就是这个实践所开发或利用的能够以小成本创造价值的潜在机会。

打破常规和假设

另一种聪明的方式不如“寻找免费的午餐”的技术性强，但是它强调意识和心理因素的利用。它不注重常规界限。在公共政策和管理领域，这一实践有时对基于价值承诺的假设提出挑战。例如，自 20 世纪 80 年代末开始，我们开始质疑这一假设——某些物品或服务对社区有好处，应该通过税收提供支持，也应该由政府雇员生产或提供。相反，我们现在也考虑把一些传统的政府功能，例如初等教育、惩教所建设和管理、福利-工作项目等外包给非营利部门甚至是营利部门②。在这一案例中，我们正在对这样的假设进行挑战，即政府供应必须要体现社会表达出来的公共价值。纳税人融资也许能够做到，但是政府供应却不能。

另一个价值导向的巧妙实践可以简单地表述为明确表达项目所包含的价值，并有效利用它。例如，里弗赛德县的高期望福利-工作战略模型是 20 世纪 90 年代中期之前的为数不多的项目之一，这些项目都认为利用声明隐含在方法之下的价值前提来维护管理是正当的。

---

① 这一项目是参与福特基金会和肯尼迪政府学院的美国政府创新半决赛的项目。此外，本人与亨尼平县的项目管理者有私下的交流。

② 需要指出的是，外包是否是巧妙的实践，具有很多的争议。

3.3 观察实践

在免费午餐类情境下，我们可以说巧妙的实践就是“能够利用或开发潜在的机会从而实现以较小的成本创造价值的任何实践”①。但是，让我们进一步讨论如何描述这一“实践”的特征。

描述一项巧妙的实践的要素特征

巧妙的实践的基本机制是通过成本-效益分析方法来直接完成一项有用的工作的方式。一项巧妙的实践包括：（1）创造价值的潜能（如表1-1所示）；（2）选取和关注这一潜能的机制。前面描述的六个例子中，本人通过指出“每一项实践利用了什么”来表明基本的机理。例如，公园的共同维护利用了交易的收益和以物物交换代替现金交易的机会。

但是巧妙的实践所隐含的内容比这一基本机理要多。一项巧妙的实践还包括以下一些次要的特征：

- 执行性要素。它直接体现了基本的机理。在俄克拉何马州的分阶段付款的例子中，具有付款时间安排、付款金额和付款条件。在亨尼平县的回收/康复项目中，具有可回收的物质的储存、精神障碍患者的集中以及连接两者的机构间的协调。
- 支持性要素。主要是促使执行性要素实现的资源——例如，预算和制度结构等。组织文化或者更广范围内的政治环境等其他的支持性要素所起的作用不是那么直接，但是有时也很重要。
- 选择性要素。主要是指对所观察的实践的执行者有利的意外要素，它们在其他地方并不一定具有价值。例如，在俄克拉何马州的分阶段付款的例子中，允许承包商参与项目的规划只是选择性的——尽管它效果很好。

区别职能和要素

【语义提示】把“来源处”的巧妙实践应用到“目标处”时，我们期望既能

① 进行微小的调整，同样的分析能够运用到通过打破常规而达到巧妙的实践中。

严格地复制基本机理的逻辑，又能对具体的实现方法保留最大的灵活性。要做到这一点，就要区分设计运作的基本机理的职能和体现这些职能的要素。例如，在分阶段付款的项目中，职能包括设定阶段目标和核实完成任务的主张。这些行动是定义实践逻辑的一部分——在不改变项目本质的情况下，它们不能被忽视。但是，到底选择什么要素去执行这些职能或者支持这些执行策略是另一回事。高期望的战略项目的两个基本职能就是创造一种培养责任感的伦理氛围和灌输能够承担责任的自信心。但是，对于应该选择何种要素来执行和支持这些职能是一个更加开放的问题。

【语义提示】可以利用语言学的示意来帮忙区分要素和职能：职能像是动名词，即动词＋ing 所构成的名词，如设定（setting）、核实（verifying）、创造（creating）和灌输（instilling）等，而实施这些职能的要素则是纯粹的名词。

当我们确实需要或者希望指出实现这一职能的某种特定的方法时，这种区分的原则才会显得不恰当。例如，在分阶段付款的案例中，我们可能特意将合同作为在各方之间确定期望的特定方法，而文件是证实达到阶段性水平的方法。

允许多样化和复杂性

由于巧妙的实践具有内在复杂性、情境敏感性，能够被不同的团体用于追求稍微不同的目标，我们讨论它们的方式应该反映这些特征。

特征描述应该具有普遍性和灵活性，而不应该是既定或者过于简单的。以上文描述的支出控制预算为例。这一实践是要求把所有的余款返还给部门还是只要求返还 50%呢？如果其基本的理念是为合理消费提供激励，那么返还 50%就足够了。所以最好的特征描述是“允许部门为其工作人员留下足够的余款以激励他们把创造余款摆在第一位”①，而“足够”是多少，则由执行支出控制预算的人员根据地方的情况来决定。

本人认为应该由地方的执行者根据本地区的具体情况来发掘有意义的一般性实践的细节。允许地方采用非普遍的要素的做法不仅符合常识，而且能够鼓励地方对从别处引入的实践或是由外界强加的实践进行调整。

巧妙的实践的基本机理的特征描述不一定很简单，它也可能很复杂。为了避免引起混淆，在我提供的巧妙的实践的备选案例里，我只列出了相对简单的

① 注意这是研究者或观察者所给出的解释，并不一定是在实践中已经实行或者被实践者所认可的。

实践。但是，一些巧妙的实践具有多面性，因而要用几句话甚至几个段落来总结并不是一件容易的事情。迈克尔·巴泽雷分析了他所谓的“后官僚范式”，用于改善明尼苏达州政府的一般性职能。他试图简化这一后官僚范式的一些方面——我称之为巧妙的实践，尽管是一个很重大的事件——并将其归结为一些核心的概念，比如服务导向、顾客中心、质量管理、激励、创造价值和授权。但是，他得出结论：“主要的概念不是一个等级化的结构，在最高处有一个主导观念。”相反，主要的概念是“观点的汇合”（Barzelay 1992，115-117）。

20 世纪 80 年代在新西兰出现的“新公共管理”是与观点和实践的扩展类似的一个相关的管理改革范式。值得注意的是，这种范式“用几个句子是不能说清楚的，更不用说口号了”。鲍里斯（Borins 1998，9）认为，这种范式的核心观点包括：

- 政府应该提供公众关注的高质量的服务。
- 公共管理者的自主权，特别是来自中央机构控制的自主权应该增加。
- 应该对组织和个人进行评估，根据其完成绩效目标的程度进行奖惩。
- 管理者必须有顺利完成绩效所需要的人力和技术资源。
- 公共部门管理者必须尊重竞争的价值，对应属于私有部门提供的服务保持开放的态度。

现实中巧妙的实践的例子看起来彼此非常不同，需要仔细地解释。（1）当巧妙的实践是在不同的有利的（或不利的）条件下执行时，（2）当它的产生与不同的选择性要素有关时，（3）当它利用了看似一样实为不同的方法执行要求的职能时，我们应该找到一种巧妙的实践的多样化案例，来寻求其稳健性与效力。从理想的角度来说，我们可以找到对实践的社会科学评估研究，它能够提供这类实践的数据和理论解释。但是，在绝大多数情况下，这种评估是不存在的。在正常的情况下，我们可以找到实践者在一些场合描述实践成功的文章或演讲，但它们只是简单介绍了实践的执行情况或存在的困难。我们需要仔细思考和推敲，应该如何对有用的巧妙实践进行概念化和对我们认为最重要的支持性要素进行评估。在开始思考所了解的特定的情境下，巧妙的实践是如何运作之前，我们就应该这样做（关于这方面的讨论，请阅读后面的讨论：“但在这里行得通吗?”）。

3.4 描述一般性漏洞

在标准的专业研究中，我们不仅要解释为什么巧妙的实践能够有效运行，同时也要探讨它们为什么会失败、崩溃、发生意外和让人遗憾。也就是说，我们要了解它们的一般性漏洞。这类漏洞是实践中的潜在弱点，它在某种程度上与其基本的因果结构有关。它可能与执行中的小错误的高度敏感性有关，也可能与实践执行的环境有关（例如，一个强加不利压力的环境）。

当然，所有的政治和执行环境都会面临一定程度的压力，因而我们在定义特定的巧妙的实践的时候，应该描述一些保护性要素，这些要素促使实践免受那些可以预见的和潜在的具有破坏性的压力的影响。没有这些保护性要素，一项巧妙的实践也会成为一个愚蠢的实践。例如，尽管当竞争激烈的市场中存在潜在的私人供应商时，推动某些政府功能私有化是一个巧妙的实践，然而在下列情形中，这也可能变成一项非常愚蠢的实践：(1) 如果它是在由单个供应者垄断的环境下执行；(2) 如果竞标的过程是非常腐败的，而且腐败的利益集团可以发现这一事实；(3) 合同中规定有不恰当的执行措施；(4) 城市的合同管理程序过于严格或者过于宽松。以另一个例子来说，高期望项目福利-工作项目易受到当地劳动力市场条件的影响：如果失业率过高，工作机会少，高期望项目可能造成参与者对自己更加失望，对社会促使他们承担的责任是一个更大的讽刺。从普遍的意义上说，对公园维护所形成的政府-居民的伙伴关系可能导致决策者逐渐把越来越多的负担转移到居民身上而把预算资金重新分配给其他部门的情况。

我们应该知道，一般性漏洞只是出现问题的潜在可能。问题是否真正出现需要看执行巧妙的实践的地方环境以及意识到问题的各方能否成功地规划和执行预防措施。例如，尽管需要花费一定的成本，但是我们可以规划外包过程，使得腐败出现的机会最小。参与到城市的公园维护的居民能够获得书面的伙伴关系的证明并且能够召开引起广泛关注的新闻发布会公布参与者。尽管这样的文件没有法律效力，但也可能在以后的日子里给居民代表一些有用的政治影响力。

我们尤其要注意两种特别的漏洞。一种是基本管理能力的丧失——如领导能力低下或者缺乏一种“良好治理”的风气使得成功实施这些或其他任何实践更容易。另一种是特定的实践本身的漏洞——比如服务提供对谁具有优先享有权的问题非常敏感，是这个顾客集群还是那个顾客集群，或者有需要的人群？安全导向的管制项目无法确定对受害者做得是否过头——是太慷慨大方还是太过于吝啬？

3.5 但在这里行得通吗？

假设你已经对一般意义上巧妙的实践的本质有了透彻的理解，包括它的一般性漏洞，并且知道使其成功运作的各种支持性要素，最后，你一定还会问：“假设这一实践在某些情境下确实很巧妙，那么在我们现在的这个情境下，如果授权，实践能够运行成功吗？”要理性地回答这个问题，需要我们研究这一实践成功运行的源情境和将要采用这一实践的目标情境。

评估目标情境

在我们的目标情境中，对当前状况进行细致的评估是必要的，但是依据这一评估所得出的静态回答是不够的。我们需要考虑如果这一实践在目标情境下执行，在合理的成本和风险的范围内我们都能够做什么，以改善实践的前景。这些行动可以分为以下两类：

- 保护性策略。考虑一下巧妙的实践的一般性漏洞：在将要应用的情境下，最糟糕的情况会造成无法接受的问题吗？例如，如果合同管理过程十分严格是与非营利机构合作的一般性漏洞，那么我们的合同管理制度是非同寻常的严格吗？如果是，我们能做些什么来弥补这个问题吗？比如，我们可以在外包管理机构中找一个人作为特殊的保护者和稽查员吗？如果我们无法做到这一点，我们能否找到整合合同条款的方式使得承包者对完成基本结果负责而不是对遵循特定的程序负责呢？
- 提高性策略。考虑之前提及的能够帮助实践运作得更好的“支持性要素”：应该加入哪些支持性要素？它们可能的运行情况如何？我们能改进它们吗？例如，我们能够吸引拔尖人才来管理或从事这一项目吗？我们能够获得比年度拨款更稳定的投资吗？我们能转移压力，更加乐观地看待自己所做的事情吗？我们能利用重要的利益相关者和相关的政治选民的支持——或者至少利用对手的行动的薄弱环节吗？

评估源情境

如果我们在搜索能够应用于目标情境的巧妙的实践时感到非常吃力，那么我们找到的这种实践可能并未得到普遍的推行。也就是说，我们找到的样例将来自这样的管辖区域、机构和地方——决策者和行政者比一般地区的人更支持新奇的事务和创新。因而，他们的综合管理能力比平均水平要高——可能比我们所在的地方的管理者更高。

如果源情境的项目多是试点或示范项目，我们就要非常谨慎，因为：(1) 试点项目的执行者比一般项目的执行者对工作更加富有激情和才能，而激情和才能是具有一定价值的；(2) 试点地区的政治和财政条件比一般的地区可能要有利得多（或者不是那么不利）；(3) 试点项目受到的政治阻力比那些威胁既定的价值观、地位、工作稳定和日常工作的长久变革要更小。

在沿用试点或示范项目情境下观察到的成功之处时应该谨慎到何种程度呢？根据现有研究我们无法回答这个问题。但是，兰德公司对各种预防青少年犯罪的项目的分析表明，在分析项目拓展效果时，当试点项目推广到更广泛的地区，青少年犯罪规模比试点地区下降 15%～40%。尽管兰德公司的分析师对他们所选择的处罚要素没有给予清晰的推理，但是他们的选择看起来是合理的。

如果我们不仅要分析一项巧妙的实践在已知的地方情境下执行的可能性，而且要分析在更广泛的地区下执行的可能性，那么我们就不仅仅要关注试点项目结果比平均水平更高的地区，也应该关注一些低于平均水平的地区——有些可能还是比平均水平差很多。在以前项目和政策责任由联邦政府向州政府授权不如现在普遍的时候，联邦政策制定者，特别是政治自由主义者，经常担心“密西西比河问题”的出现。“密西西比河”是修辞的说法，指的是那些几乎肯定会对下放责任的任何巧妙的实践进行破坏或滥用的贫困、落后和具有种族歧视的区域。

3.6 回到八步法

由于对巧妙实践的评估总是缺乏理论和推论上的确凿证据，因而可能会导致盲目的乐观。实际上，对最好的实践的研究传统的一个普遍性批评是在这一实践的价值还没有得到足够的验证之前，人们就对看似好的观点抱有极大的热情①。

① 遗憾的是，对最终失败的试验的超常热情会导致人们对试验的合理热情的不解。

但是究竟多少验证算作“足够”？答案需要通过计算取代实际上可能成为更好的实践的成本，甚至是取代现行的实践的成本来得到（在前文有描述，如“延续当前趋势”）。但是如果我们有理由相信现行的实践无效或者有害，放弃它们转而支持新的、未经试验的实践，其成本可能不是那么高。那么，尽管新的、未经试验的实践应该承担试验所难以避免的风险负担，但它不会成为阻碍实施的原因。正确的做法是要把看似巧妙的实践所产生的风险和不确定性与正在考虑的其他的备选方案所产生的不确定性进行比较。

当然，变革的成本——谈判、不安全性、痛苦的感受等等——必须算在引进新的、看似巧妙的实践的成本中。但是，这样的成本应该算在所有的变革中，而不仅仅是实行巧妙的实践所产生的变革中。而且，如果制度和人们被现在的状况所困住，那么诸如此类的变革虽然有成本，但是也可能会带来收益[①]。

① 另外，制度和人们永远处于变革、重塑和改造的状态——就像经常在公立学校系统发生的那样——对稳定性、连续性和焦点问题非常有益。

附录 A

现实世界政策分析实例

附录 A 的内容选自兰德公司发布的政策简报——《毒品犯罪最低处罚制度：无期徒刑与纳税人金钱的博弈》，该简报在充分关注政策分析的同时也做到了语言简洁明了，因此，其一直被视作政策分析的典范。附录 A 中简报作者的注释以星号标注。

序　　言

为回应公众所关注的法官判决不一致、罪犯关押时间短的问题，州和国会立法者对特定的犯罪行为制定了最低处罚制度。在此报告中，我们将对贩卖可卡因这一犯罪行为的最低处罚制度进行成本-效益评估，成本部分将与没有最低处罚制度情况下对该犯罪行为进行处罚所花费的额外资源以及戒毒诊治等成本进行比较[①]，主要的效益衡量指标则是本国

① 成本-效益分析需要通过比较来实现，通常我们通过新旧国家的对比进行成本-效益分析，但在该研究中，研究者是在几个备选的新兴国家间进行比较。

可卡因消费的减少程度，以及与可卡因相关的犯罪事件的减少程度[①]。

由于读者可能有不同的兴趣，故整个报告分为两大部分（除“概要”和“结论”）[②]。关注毒品犯罪和刑事司法政策的读者可阅读第一部分，第二部分则主要是为关注政策分析中数学模型的作用和技巧的读者准备的。

这一研究受到了里奇兰工厂的理查德的支持，由福特基金会资助，由兰德公司毒品政策研究中心开展具体研究工作，该中心的研究工作接受福特基金会等基金会、政府机构、企业以及私人的资助，其在地方和联邦的层次对毒品问题进行过大量的评估，需要进一步了解相关信息的读者可联系兰德公司位于圣莫尼卡的研究中心。

概　要

近几十年来，政治领袖和总统候选人普遍号召对持有和销售毒品的罪犯判处更长的刑期，美国公众对此表示极大的支持。在各种方案里，最受欢迎的莫过于最低处罚制度，该制度规定一旦犯罪行为达到某一标准，法官就要对犯罪人员处以特定期限的监禁。例如，美国联邦法律要求，对持有半公斤及以上可卡因的罪犯处以至少 5 年的监禁。

最低处罚制度受到两党议员和总统候选人的青睐[③]。最低处罚制度的确定性和严厉性使其比其他较为宽松的政策更能达到对罪犯进行惩罚的目标[④]。该制度的目标包括对犯罪分子予以处罚并确保其不再犯此类罪行，同时也能对其他人产生威慑作用，但实践中对最低处罚制度的批评一直存在，人们对于最低处罚制度必需的自由裁量权以及由此可能会导致不公正判决怀有深刻的担忧[⑤]。

与毒品犯罪相关的最低处罚制度可视作实现国家毒品控制目标的一种手段。在这种意义上，最低处罚制度与其他方式相比较效果如何？与其他方式相比，最低处罚制度在实现减少毒品消费和相关犯罪的目标[⑥]上是否更有效？在

---

① 这些不同的指标就是我们的评估标准。需要注意的是，通过使一个“中心”和另外两个“中心”变得更少的以及其他两个比较重要的描述，作者对这些标准赋予了不同的权重。

② 报告在向两类不同的受众讲述故事，也就是讲述两个不同却彼此相关的故事。作者本可以写出两份不同的报告，但基于两份报告之间的互补性分析最终使其合二为一。

③ 讲述此故事的重要一步：确定政治环境的关键特征。

④ 支持者在预估结果。作者暗示其并不需要接受这些预估，结果自会证明这一切。

⑤ 支持者和批评者看待评估标准的方式并不一致。作者暗示他们并未充分注意到彼此的不同。

⑥ 对毒品控制政策主要目标的描述表明：“毒品消费”似乎是成本-效益分析的主要指标。当然，其他的相关指标也需要加以考虑。

本简报中，我们将评估最低处罚制度的成功之处，并通过与其他策略的比较来评估最低处罚制度在减少毒品消费、减少与毒品相关的犯罪以及减少可卡因市场的资金等方面的效果如何。最后一个是十分有价值的目标——如果能将花费在毒品方面的资金用在其他公益性事业上，美国将会变得更好。

可卡因相关的犯罪事件被视为当今美国最主要的毒品问题①，我们采取两种方法所构建的可卡因市场的数学模型得出了同一个基本结论②——从成本-效益的角度来看，最低处罚制度在减少可卡因消费以及与可卡因相关的犯罪方面没有效果③；与执行先前政策所花费的成本相比，最低处罚制度甚至要花费纳税人更多的金钱④；在减少毒品消费方面，两种不同的监禁方式的效果均不如要求吸毒者参与戒毒诊治项目的效果，如果目标是减少可卡因消费或是减少与可卡因相关的犯罪行为，我们可以得出同样的结论⑤。得出这一结论的主要原因在于监禁的成本太高。（注意这些结论都仅限于相对的成本-效益，如前所述，对最低处罚制度进行辩护和批判的理由很多。）

减少消费：加大对大毒枭的打击力度

首先，我们对一般的毒品犯罪人员实施逮捕所花费的额外支出（无论逮捕是由联邦、州还是地方政府执行的）进行评估。我们将毒品犯罪相关人员分为轻度、重度和非毒品使用者三类，并分析可卡因市场的整体供给和需求对价格变化所做出的反应，即如果花费更多的钱用于逮捕和监禁，使毒贩面临的风险成本上升，相应的会使可卡因市面价格上升，一般来讲，更高的价格意味着更少的消费⑥。如果将更多的钱用于戒毒诊治，则会有更多的可卡因消费者能接受诊治，他们在被治愈后会停止可卡因消费，从而使整体可卡因消费减少。我们将评估两种方案中100万美元的额外投入所导致的总体可卡因消费市场的改变。图A-1向我们展示了这些变化（贴现后）。

---

① 缩小关注焦点使分析具有可控性。作者必须调整其选择的方法以缩小关注点，此处称作“最主要的毒品问题”，但并未对其进行详细的解释。

② 并非所有的模型都是数学模型。此处所分析的现象是复杂的，对其进行建模是可能也是可期的，对特定的参数赋值，比如可卡因需求的价格弹性、被捕毒贩的损失以及诊治的效果等，具有推测的性质，作者将会使用研究文献中的相关证据。

③ 标题尽可能地以斜体的形式出现（原文为斜体。——译者注）。

④ 此处重申报告的关键结论表明“纳税人的税收支出”是成本-效益分析中的关键变量。

⑤ 无论选择何种标准，最终只是偶然地证明诊治相对于监禁而言是一个更好的投资。

⑥ 注意到此处使用市场理论点明了“毒品问题”的关键之处，新闻媒体对这一问题的讨论很少涉及价格变动、供给和需求。但是，供需法则对于毒品市场而言与其支配青豆市场的效果是一样的。

图中前两个柱形显示了各层级的政府机构花费额外的 100 万美元（按 1992 年购买力平价*）处理典型大毒枭的结果，如第一个柱形所显示的，如果这笔钱被用于对所逮捕的毒贩处以联邦强制性最低处罚，美国的可卡因消费量将会减少约 13 公斤，但如果这笔钱用于逮捕、起诉以及监禁更多的毒贩（按照传统的刑期监禁制度），可卡因消费量将会减少超过 27 公斤①。如果这笔钱用于诊治严重的毒品使用者，则可卡因的消费量将会减少超过 100 公斤。

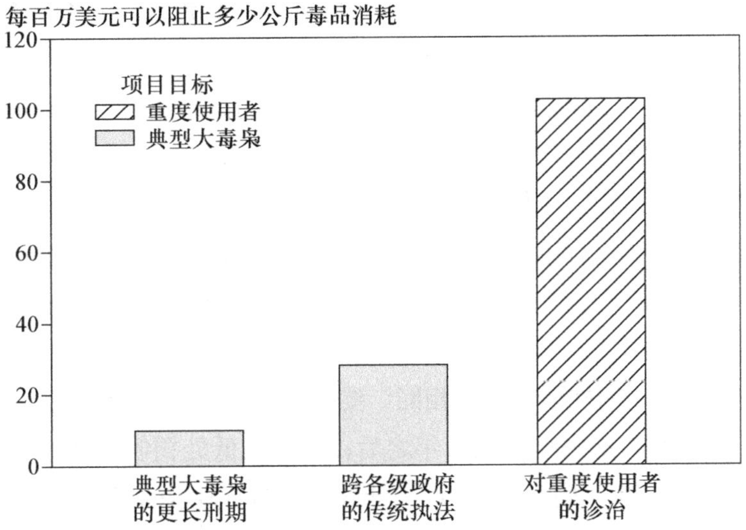

图 A-1　替代可卡因控制策略的好处

需要注意的是，我们所评估的是额外 100 万美元的影响。对于产生这一结果的原因可以有多种推测，但这并不意味着成本最小、收益最大的策略是将所有用于毒品控制的资源从执行转移到诊治，注意图中所使用的说法是“更长的刑期”而不是“最低处罚”②。州和地方政府所逮捕的毒贩的数据并不足以证明应使用强制性最低处罚制度，相反，我们要分析对所有的毒贩都使用强制性最低刑期——更长刑期制度的假设性的政策③。

图中的值都依赖于我们所做的假设。如果假设发生改变，相应的值也会发

* 这个报告中的所有费用都是以 1992 年的美元来计量的。我们可以选择任意年份货币为基准。这里以 1992 年货币单位为基准是为了更好地与前期研究做比较。如果要将 1992 年基准转化为 1996 年（通货膨胀数据和距离写作时期最近年份）基准，只需要将 1992 年货币基准计量的费用乘以 1.119。在计算每增加一百万美元成本所带来的可卡因消费减少量时，如果要将 1992 年基准转化为 1996 年基准，只需要将该指标除以 1.119。

① 注意定义“边界分析”对政策分析的重要性。如果你对“边界”进行限定，政策效果将会翻倍。

② 政治言辞通过讨论“强硬”措施可能会导致问题的过度简单化，但是作者在此处确认了两种形式的“强硬”，当然还存在更多的形式。

③ 所有处理将来问题的政策都是“假设性的”，作者在此处使用这一术语，可能是因为其想区分源自真实世界的经验样本分析所产生的方案，其更关注基于最短刑期的“一般的”策略，即概念层面存在什么以及可能存在什么的大混合。

生变化。但如果假设的变化超过了合理的范围，值的变化是否充分，以使更长刑期制度相对于其他方案而言更符合成本–效益原则呢？我们发现并非如此。

作为一个例子，图上所显示的数值都是在某一时间范围的，这一点很有意思。原因如下：当面临延长刑期的风险时，毒贩会寻求获得更大的利润以弥补因增长的刑期而受到的损失，结果，可卡因的价格会上升，消费量会下降。因消费的减少而带来的效益是可见而及时的，而因刑期的延长而导致的成本上升则会在将来逐渐显现。与此相反，如果需要治愈更多的吸毒者，将会导致成本的急剧上升，由于戒毒成功而不再消费可卡因的行为会导致整体可卡因消费量的减少，这种效益也会在将来逐渐显现。图 A–1 考虑到的是未来几年不同的成本和效益的分配，在未来这些年中成本和效益是要逐年打折扣的，一般为 15 年，即政策分析中的典型的时间范围。同时，任何的成本和效益都会算作零。如果这一终点移近又会怎么样呢？如果时间原点的设置足够早，强制性最低刑期的后继成本和诊治项目应有的后继效益都会被清零。图 A–2 显示了在不同时间点（从 1 年到 15 年）设置时间范围时，这三个项目的相对成本和效益。在 15 年的时间点上，曲线的高度与图 A–1 的柱形的高度相同，要使强制性最低处罚制度比传统执法方式收效更大，则必须将期限缩短到 3 年之后；要使最低处罚制度比诊治项目收益更大，则时间点需为 2 年。因此，强制性最低处罚刑期所显示的成本效益比只是短期的①。

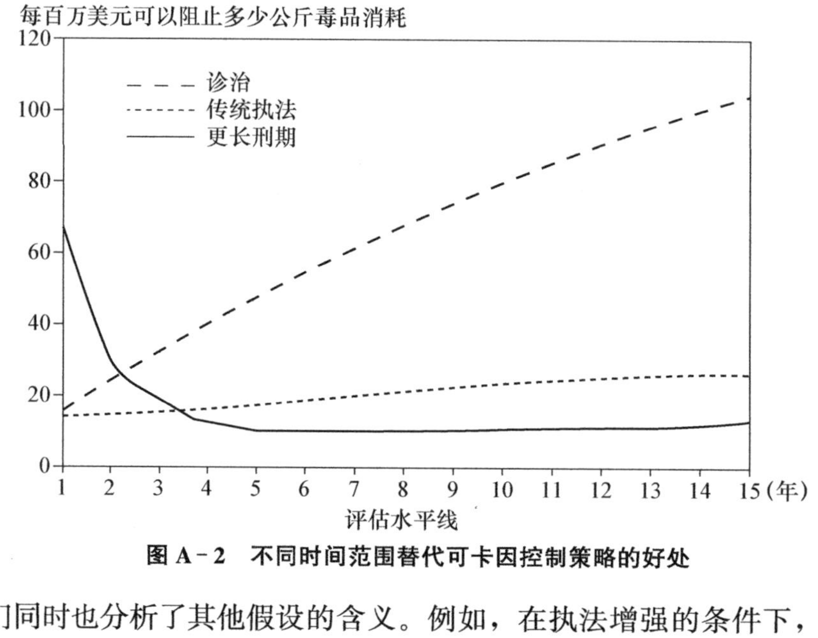

图 A–2　不同时间范围替代可卡因控制策略的好处

我们同时也分析了其他假设的含义。例如，在执法增强的条件下，毒贩所面临

① 富有智慧且善于言辞！讲述故事并非都是枯燥乏味的，作者的结论是如此的令人信服——因为他们是这一领域享有盛誉且令人尊敬的分析专家。

的被监禁的风险会加大，因而也会寻求更多的补偿来减轻这种风险。但是，典型的毒贩如果在当前面临5年的监禁，与下一年面临这种监禁相比，他会索取较少的补偿。我们推测毒贩较多地倾向于“现时取向”，如果毒贩需要更多的风险补偿，而且一旦他们将未来成本看得比我们所假定的更轻，又将会怎么样呢？更长的刑期看起来比我们所假定的更痛苦，毒贩进行可卡因交易时可能会要求加价以抵消其所面临的巨大风险。因此，相对于执法的支出而言，可卡因价格的上升可能会更高，而可卡因的消费也会大幅度的下降。如果吸毒者对价格上升反应较为敏感，则毒品消费的下降也会超出我们的预期。例如，如果需求更加富有“弹性”，我们尝试将平衡点朝更长刑期移动，同时将风险补偿提高三分之一，毒贩贴现率则会削减三分之二，需求的弹性则会增加50%①，这一结论的一般量变曲线的确会发生变化，更长刑期的成本效益会增加至三倍，而额外的系统执法则会翻番，诊治项目上升约四分之一。但是，更长刑期制度的成本效益比最低，而诊治项目的成本效益比则最高。

减少消费：针对更高级别的毒贩加强执法

图A-1的前两个柱形代表着对所有被逮捕的毒贩中的典型样本采取强制实施方法。如果将样本限定在更高级别的毒贩，则最短刑期制度会更富于成本效益原则。“更高级别的毒贩”是指在毒品交易链中处于较高层级的人，他们能获取的利润更多，因而在严格执法中造成的损失也最大，为了对这种限定进行大致的估计，我们将分析对象限定于受到联邦层级起诉的以及因拥有大量毒品而受到联邦层级强制最低刑期处罚的罪犯。

这一结果如图A-3所示，灰色的柱形代表每百万美元针对联邦层级毒贩的额外执法所导致的可卡因消费的减少量，条纹的柱形来自图A-1，由左至右，相同颜色的柱形代表同一种类的项目，有浅灰色和深灰色柱形。针对同一类柱形的刑期分配是一致的，而额外执法活动资金与前两个柱形一致（按传统刑期进行逮捕、扣押、起诉、监禁）。

如图A-3的灰色柱形所示，在强制性最低处罚制度上每投入100万美元所得到的消费变化量与通过其他方式得到的消费变化量是密切成比例的。更长刑期对所有的毒贩而言具有46%的效果，联邦强制性最低刑期具有57%的效

① 这是另一个版本的“敏感性分析”。

果。显然，联邦最低处罚制度在治疗重度吸毒者方面相对于针对所有毒贩的更长刑期制度具有较好效果①。对高级别的毒贩而言，监禁造成了较大的成本损失。因加强执法所导致的可卡因和其他资产的损失也较大。这样，风险补偿就必须更高，结果是更高的可卡因价格，从而导致可卡因消费下降。但是，任何给定层级的政府，在对付任何类型的毒贩方面，强制性最低处罚制度的成本收益比相对于传统执法而言都比较小。

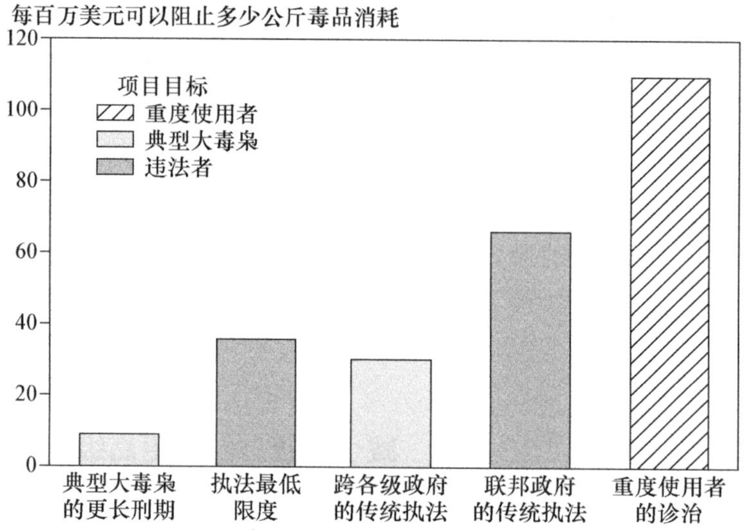

图 A-3　替代可卡因控制策略的好处

为什么会出现这种情况?② 毒品执法活动由两部分组成，对纳税人而言，每一部分的成本都是昂贵的，每一部分都会造成毒品昂贵的价格：(1) 逮捕和定罪，主要通过没收毒品和其他财产给毒贩造成重大损失（使毒贩付出巨大成本)。(2) 监禁，在关于司法“旋转门”的抱怨中，往往忽视了逮捕和定罪给毒贩造成的重大损失。事实上，平均而言，纳税人的每一美元在逮捕和判刑中给毒贩造成的损失远大于监禁给毒贩造成的损失。因为强制性最低处罚为支持监禁改变了执法的两个组成部分的混合比例，相对于简单的成比例地扩大两个组成部分而言，这样做降低了执法的效率。

相比条纹的柱形，图 A-3 中灰色柱形高度依赖于各种各样的假设。这些假设包括对一些不确定价值的假设，比如毒贩因为面临更长的监禁风险而要求更大的补偿，毒贩对于将来成本的贴现，毒品购买者对于可卡因价格变化的反

① 这些百分比是从图 A-3 中计算而来的，读者可能会希望作者加以提醒为何这些数据不能从图 A-3 中直接读出。

② 疑问句的使用极好地改变了节奏和语气。

应，逮捕毒贩所消耗的资源，以及所缴获的毒品和其他资产的价值。为测试我们的结论对假设的敏感度，我们在有效范围内，一次改变一个假定值的大小，在所有可能的情况中，传统的执法相对于强制性最低处罚更富有效率，而诊治项目的成本效益比是强制性最低处罚制度的 2 倍。甚至是一次性改变两个假定值的大小，允许假定值出现大的偏差（最低处罚制度成为最符合成本效益比的途径）。在图 A－4 中，政府抓捕一个毒贩的成本和毒贩因面临 1 年监禁风险而要求的补偿同时发生变化，星号显示了图 A－3 所假定的值的结果。正如图 A－4 所显示的，只有在逮捕成本超过了 3 万美元且毒贩认为自己 1 年的时间值 25 万美元甚至更多的时候，强制性最低处罚制度才是最符合成本效益原则的方案。身价达到这些钱的毒贩在可卡因交易链中处于相当高的等级而且通常很难被逮捕①。对于抓捕成本较小的毒贩，相关的可卡因控制专项资金可以较好地用于传统执法，对于要求较少风险补偿的毒贩，可卡因控制的专项资金最好用于诊治重度吸毒者而不是用于加强对这类毒贩的执法②。

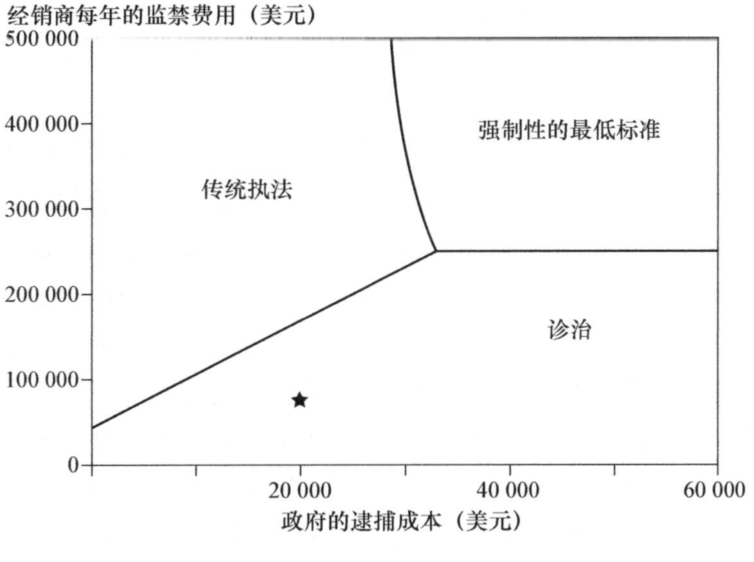

图 A－4　不同假设前提下，哪个方案在控制可卡因消费方面更划算？

注：星号表示图 A－1 中灰色柱形（联邦罪犯）的假设值。

如果选择性地加以运用，更长刑期制度将会是很明智的策略。遗憾的是，

① 即使是这样的毒贩，传统执法也比最低刑期具有更好的成本效益比。如果传统刑期的长度与违法者相匹配，高级毒贩则会受到更长的刑期处罚。

② 一般的读者在解读图 A－4 时需要更多的帮助，该图可分作三个部分，每一部分都包含“政府成本”和“毒贩成本”这两个参数的值。各部分的边界表明在作者建立的成本-效益比较中，参数组合意味着不同的优胜者。这样，最低处罚制度只有在参数链接点落到东北象限的时候才能取胜，即政府和毒贩的成本都很高的时候。在兰德的其他报告中，这种图被称作“起点分析”，而我则称之为“均衡分析法”。

因为强制性最低处罚制度的判决是基于所拥有的毒品数量，而且这一门槛相对较低，其没有被选择性的用于高层的毒贩。（确实，很多的证据表明，相对于低级别的下属而言，毒品交易链条中的高级头目更容易避开强制性最低处罚制度的处罚，高级头目拥有许多关于其组织的内幕消息可用于作为和检方谈判的筹码。并且高级头目通常不会随身携带毒品，而这又恰恰是强制性最低处罚制度得以成立的基础条件。他们雇用其他人来承担此种风险。就此而言，强制性最低处罚制度的实际效果可能要比这些结果所显示的略差。）

减少与可卡因相关的犯罪

当然，可卡因消费并不是全部问题所在，许多美国人更担心的是与可卡因生产、分销以及吸食相关的犯罪行为。我们将对各种方案在减少与可卡因相关的犯罪方面的效果进行定量分析。我们发现传统执法和最低处罚制度在减少与财产相关的犯罪方面的效果区别较小，前者在减少侵犯人身罪方面效果比后者好约 70%，但诊治项目在减少双重罪行（同时侵犯人身与财产的犯罪）方面，每投入 100 万美元，其所取得的效果比监禁要好约 15 倍。

为什么会得出这些结论呢？[①] 大多数与毒品相关的犯罪是出于经济上的动机——例如，获得钱财以维持生活或在毒贩之间挑拨离间以获得好处，毒品消费减少的直接结果是更少的犯罪。但是，我们发现，传统执法和最低处罚制度在影响资金流入毒品市场方面的差异很小，在影响经济因素导致的犯罪方面的差异也很小。正如图 A－3 所示，相比消费效应的可估计差异，这种效应影响下的犯罪的可估计差异更容易引发经济诱因导致的犯罪而不是侵犯人身方面的犯罪。

诊治项目在减少可卡因市场的经济份额方面比传统执法更具优势，这种优势甚至比图 A－3 所显示的减少可卡因消费还大得多。为什么会出现这种情况？[②] 当一个违法者被治愈而远离毒品消费，即意味着更少的钱流入可卡因市场，但一旦毒贩因面临长期监禁的风险而提高其出售的可卡因价格一个百分点，相关的购买者将会通过减少其购买量而对涨价做出反应，导致这种减少的最佳证据无疑是这 1%的提价[③]。但即使是这样，流入可卡因市场的总金额仍旧一

---

① 另一个适宜的问题。

② 接二连三地提出疑问。

③ 所以他们将模型参数的估计构建在某些类型的证据的基础上。因为这一报告的“概要”是对其分析的逻辑的概括。作者并不是用这些项目的调节来迷惑读者，即其模型如何构建以及其参数的数值如何分配等，这些都将在完整的报告中出现。“证据”一词在此处出现，目的是向读者确认此处的分析是“假设性的”，如前所述，假设的可能性还基于一系列证据的积累。

样，这种资金产生极大的经济诱惑力，这样一来，经济诱因引发的与毒品相关的犯罪的激励仍保持不变。因此，传统执法方案的效果仅限于其威慑下所导致的较少的犯罪数量，诊治项目也具有与传统执法类似的减少这类犯罪数量的优势，甚至在减少经济因素诱发的犯罪方面具有更大的优势。

结　论

针对严重犯罪的长期监禁制度对公众具有直观的吸引力，其迎合了公众根深蒂固的一种观念，即恶行必须受到惩罚。同时，在很多情况下，通过杜绝街头犯罪，减少了进一步的更大的犯罪行为的发生。但在面对黑市的犯罪行为，如毒品交易时，如果需要持续存在，即便一个供应者被抓捕，通常也会出现另一个替代性的供应者。并不是所有人都认可最低处罚制度，其是否符合美国人所秉持的公平和正义标准仍然存在争议。即使是认可最低处罚制度的人也需要自问，如何进一步减少可卡因消费——这种消费通常导致无辜者成为不必要的牺牲品①。我们必须考虑到这种为了减少吸食毒品而进行的惩罚，因为长期监禁的成本是高昂的，而控制可卡因的资源是有限的。正如我们所揭示的，如果我们的目标是减少消费或暴力，那么通过支出更多的资金用于逮捕、起诉，并处以标准的刑期要比花费同样的资金对极少的罪犯处以较长刑期得到的效果好得多。（不得不承认的是，如果将资源从强制处罚转而分配给诊治项目，可能意味着我们什么也得不到。而这也将是一个更加困难的再分配，因为这些项目可能是由完全不同的部门在执行。）我们在高层级的毒贩中发现一个例外，即将时间视作其最大成本的毒贩通常难以被逮捕。但只有针对这种毒贩，强制性最低处罚制度才会最符合成本-效益的原则，但很明显，重要的是当前的最低处罚法律并不单单针对这些人。

---

① 作者需面对读者及其严格定义的“贸易”。

附录 B

政府事务清单

以下的政府事务清单用于激励创新并提供思考视角。使用方法首先是思考你的政策问题，然后回到清单进行对照，问自己："关于这个问题，清单是否提供了有效的解决途径?"

关于"为什么这样做"以及"可能做什么"的讨论必须是简明扼要的，其主要的目的在于启发建设性的思考。

1. 税收

A. 可能做什么

(1) 增加新税。

(2) 废除旧税。

(3) 改变税率。

(4) 调整税基。

(5) 改善税收机制。

(6) 对负外部性征税。

B. 为什么这样做

当政府收入不足，难以达成政策目标或市场价格结构与经济机会成本不匹配时，税收通常被视为解决这些问题的有效途径。而市场价格的扭曲，通常是由更深层次的结构性因素导致的，比如供给方面的寡头垄断或政府的过度监管，这些则需要通过其他方式加以纠正。

当然，一旦税收的过重负担阻碍了经济和社会活动的发展，它也会成为一个严重的问题。

2. 监管

A. 可能做什么

(1) 创建新的监管体制或废除旧的监管体制。

(2) 发布新标准或废除旧标准。

(3) 加强或放松现有标准。

(4) 完全取缔或禁止某些监管活动。

(5) 提高现有标准的科学性和技术性基础。

(6) 堵塞或敞开监管漏洞。

(7) 加强对执法人员的培训或对其实施有效的监督。

(8) 改进执法目标以去除害群之马，或者提高威慑力和执法效率。

(9) 提高或降低有效制裁的层次。

(10) 加强或简化上诉程序。

(11) 改进报告和审核程序。

(12) 增加、减少或改善工人或公民的申诉机制。

B. 为什么这样做

目的是区分三类不同的监管。

第一类监管旨在对自然垄断下的价格和产量进行监管。比如通过公共设施委员会对本地的电话服务进行监管。这个例子说明，技术的改进（例如手机、宽带等）能打破自然垄断产品并使得这种监管形式无关紧要。

第二类监管有时候也被称作“社会监管”，在健康和安全问题上应用十分普遍。该类监管旨在纠正缺乏市场信息所导致的信息不对称以及民法救济的使用所导致的各种纠纷（民事侵权行为和合同纠纷）。比如美国食品和药物管理局的药品安全监管和银行偿付能力监管都属于这一类。这类监管容易产生的问题往往是监管不足或监管过度，其根源在于科学方面的不确定性、衡量的技术障碍以及政治压力等，这些因素通常会导致监管出现各种问题。

第三类监管是关于准入、退出、产出、价格以及服务标准的监管（如交通运输行业），这一类的监管面临信息收集以及协调众多寡头垄断行业的巨大难题。在政治上，常常存在反竞争的“俘获”问题。自 1978 年以来，放松管制运动聚集了巨大的政治能量，这一运动将讨论引向了另一个新的层面，即如果政府放松管制，这些行业会在多大程度上形成良性竞争。

对空气和水污染实施的大多数监管被视作社会监管。但是，从行政上（有时候是政治上）来说，其更类似于第三类监管，因为其主要的法律均涉及负责协调各种企业产出的政府机构。

3. 补贴和许可

A. 可能做什么

（1）增加新的项目。

（2）废除旧的项目。

（3）改变标准。

（4）调整边际税率。

（5）引进、废除或调整补贴分配的方案。

（6）修正准入条件或资格。

（7）放松执法。

（8）加强执法。

B. 为什么这样做

激励效应。补贴和许可的目的都在于提供激励。它通常适用于市场、非营利组织或志愿行动所提供的服务不充分或质量不佳的领域。同时，在府际关系方面，当一级政府想要鼓励另一级政府从事某项活动时，或者在处理政府与非营利组织的关系方面，它均能发挥很大作用。

财富效应。补贴和许可也可使资源在特定的个体、组织或某一层级的政府间发生转移，从而达到增加财富的目的。

设计问题。通常会出现的情况是为了创造激励效应，而失去了财富效应，反之亦然。例如，你想要通过补贴和许可使穷人增加收入而又不想使其减少工作积极性；或者你可能不允许企业或大学在无效率地使用补贴的情况下，从事更多的研究和开发。

需要注意的是，补贴和许可的获得通常需要满足各种各样的指导方针和附加条件，违反指导方针和附加条件导致的长期补贴和许可的削减可视作一种监管制裁，从而导致特定的许可和补贴变成一种特殊的混合监管措施。

4. 提供服务

A. 可能做什么

（1）增加新的服务。

(2) 扩张现有服务。

(3) 把服务范围扩大到那些还没有使用此项服务的潜在受益者。

(4) 为特定的亚人群定制现有服务。

(5) 为特定服务提供消费券，使公众能从一系列竞争性的服务提供者中进行选择。

(6) 联合两个或更多的现有服务提供系统，以发挥潜在的协作优势或使服务接受更为便利。

(7) 通过以下方式减少服务使用者获取服务的困难。

a. 使用网络。

b. 电脑化处理输入和资格审核过程。

c. 简化表格。

d. 联合服务办公。

e. 允许通过手机进行预约。

f. 便利公民咨询和申诉。

g. 改进支付方式。

B. 为什么这样做

服务有两种基本类型。一类是期望式服务，即人们想要的服务，比如公园和好学校。另一类是家长式服务，这类服务人们可能想要，也可能并不想要，但一些局外人希望人们接受这种服务以便从中获取一些潜在的收益（如对精神病患者的康复服务，为无家可归者提供栖身之所，为失业者提供求职服务等）。相对于家长式服务，期望式服务的服务条款的设计要容易得多。

5. 机构预算

A. 可能做什么

(1) 大幅增加预算。

(2) 少量增加预算。

(3) 将预算保持在上一预算年度的水平。

(4) 少量削减预算。

(5) 大幅削减预算——直至达到初始水平以促使政府关门。

(6) 将预算资金在项目间进行调整。

B. 为什么这样做

一般而言，预算的调整通常是基于你是否赞同该机构所从事的活动。此外，如何处理机构的预算通常是一种政治信号，反映了你对此机构绩效的满意程度，这同时也会导致激励效应和财富效应的出现。然而，将预算作为激励措施往往不会产生积极的效果。

6. 信息

A. 可能做什么

(1) 要求公开。

(2) 政府直接评级或认证。

(3) 信息公开标准化或格式化。

(4) 简化信息。

(5) 补贴信息生产者。

(6) 补贴信息传播者。

B. 为什么这样做

由于平均成本（有时是边际成本）的下降，信息的生产、传播和检验可能成为次优选择。同时，由于消费的隐含成本（比如在阅读、听取、翻译、筛选和验证信息方面所花费的时间成本等）的存在，信息消费也可能是次优的。

7. 私人权利结构

A. 可能修改或创建什么

(1) 订立契约，确认权利和义务。

(2) 财产权。

(3) 责任义务。

(4) 家庭法。

(5) 宪法权利。

(6) 劳动法。

(7) 公司法。

(8) 刑法。

(9) 诉讼与法庭之外的争议解决制度。

B. 为什么这样做

最近几年来，在法律制度层面，两个最受政策分析人员和经济学者关注的议题是经济效率风险——它应当由能够以最低社会成本对其进行管理的当事人一方承担——以及涉及司法系统的行政成本。私法（与公法相对的一种说法，是法律的一种分类形式）规定的权利和义务在分配风险方面作用很大，例如，如果你的产品使顾客处于风险中并最终受到伤害，你可能就要承担相应的责任，除非顾客是误用或滥用，或者同意冒着风险而使用。修改法律有时候是强有力的政策干预机制。同时，许多创造性的思考正试图找到降低行政和司法成本的途径。

除了这些经济问题以外，对伤害补偿的关注也较多。有时候为在不同利益或阶层间转移财富（这个财富可以是未来的、精确估算的，也可以是实实在在的、当下的），法律可以做出相应改变。

法律改变所导致的财富和风险转移效应可能会朝着预期的方向发挥作用，也可能相互矛盾。此外，两者都可能与减少行政和司法成本的期望相一致或相冲突。

8. 经济活动的框架

A. 可能做什么

（1）鼓励竞争。

（2）鼓励集中。

（3）控制价格和工资（与利润）。

（4）放松价格和工资（与利润）。

（5）控制产出水平。

（6）放松产出水平。

（7）改变税收激励。

（8）提供公共就业服务。

（9）取消公共就业服务。

B. 为什么这样做

主张更多政府干预的观点：在供给层面，可能会出现垄断和寡头问题；在需求层面，消费者可能相对被动并易于受到剥削，对一般工人而言，情况更是如此。

主张更少政府干预的观点：你可能认为政治力量有不正当的企图并已经掌控了政府行政机关；或者政府承担此项任务所花费的信息成本太高，或者技术的改变使传统的政府干预显得无效或低效。

9. 教育和咨询

A. 可能做什么

（1）警示危害和危险。

（2）通过劝诫或启发强化意识。

（3）提供技术方面的帮助。

（4）提高技术能力和水平。

（5）改变价值观。

（6）通过培训、审核、许可等，提高服务人员的专业化水平。

B. 为什么这样做

人们可能对某个问题或某种机遇不太在意，他们可能会显得冷漠和粗心，有太多未经培训的非技术人员，指望他们提供良好的公共服务或具有高度的工作责任心显然不恰当。

10. 融资和合约

A. 可能做什么

（1）创建新的（政府）市场。

（2）废止现有的（政府）市场。

（3）改变偿还率。

（4）改变偿还基础（如成本补偿、单位价格、依据数量的浮动费率制，绩效奖励或处罚）。

（5）国有资源租赁。

（6）改变使用费结构。

（7）重新设计招标体制。

（8）改变合约执行方式。

（9）提供贷款。

（10）保证贷款。

（11）补贴贷款。

（12）建立国有企业。

（13）解散国有企业。

（14）国有企业“私有化”。

（15）修改保险安排。

（16）改变采购做法。

B. 为什么这样做

资本或保险市场的运作可能是无效率的，政府的承包或采购机制的运作也可能状况不佳，比如太僵硬或太腐败，太昂贵或太缓慢等。

11. 官僚制度和政治改革

A. 可能做什么

可能采取的做法很多，包括机构重组、替换高层人员、改进信息系统、提高工资待遇等。

B. 为什么这样做

实质性的原因不胜枚举，但我们应当注意到，在很多政策背景下，进行官僚主义和政治改革都有重要的政治性和象征性考虑。政治性考虑通常会以牺牲某一社会群体的利益或观点为代价，来增加另一社会群体的利益；象征性考虑通常涉及避开社会层面上真正的困难或不能解决的问题，而去做一些政府似乎能够控制的领域（政府自身的运作）中容易发现的事情。

附录 C

理解公共和非营利组织：问正确的问题

进行恰当的政策分析，不仅需要考虑政府行动的技术层面问题，还需要考虑机构层面问题——政策执行的机构。政策执行的效果是好是坏，一定程度上取决于相关的机构是促进还是阻碍政策的执行。然而动机并不是所有的问题所在，能力也相当重要。在此，本人主要关注与能力密切相关的组织结构和流程方面的问题，我这样做并不是提供细节方面的探讨，只是通过分析提出分析者应该问到的各种问题。

使　命

问题：机构的使命是什么？

- 正如权威渠道所表述的机构使命？
- 正如机构管理人员和工作人员所理解并身体力行的使命？

环　境

问题：机构在其“权威环境”中对其使命和自身有何种

支持或反对力量？“权威环境”指合法和不合法的态度和行为决定机构的政治合法性的所有行动者的总和。

- 来自预算分配的证据？
- 其他证据？

问题：任务环境是相对平静的、可预测的变动，还是变幻莫测的？以下术语的含义将会体现这种任务环境：

- **平静。**1975年的电话公司。
- **可预测的变动。**20世纪70年代的医院，在管理服务到来之前，技术转型被引进，生产过剩也开始出现。
- **变幻莫测。**当今的电信公司、医院，它们面临着保险市场、技术以及政府政策的变化。

需要注意的是，变化越快，可预测性越低，公众就更希望从相关机构得到相关的信息，从而使其能做出自己的决策，并且做出是否继续依靠政府机构的重大决策。

问题：机构在获取资源和采取立法行动方面主要的竞争者是谁？

问题：在应对这些竞争时，机构是否具有比较优势或比较劣势？

问题：机构的对手是否对机构的使命和哲学抱有敌视态度？

绩效衡量

问题：是否具有衡量机构效益和效率的达成状况的标准？

- 政策的产出和结果。

产出是机构生产性工作的结果，你可以对其进行操作性的计算，比如毕业生人数、修整的森林英亩数、每天搭载的乘客数量。结果是我们对产出本身的重要性的价值衡量，比如这些学生实现更好的就业、这些森林具有更好的防火效果、交通时间或污染层级的降低或者交通满意度的提高。

通常而言，衡量结果比衡量产出更困难。

结果不仅仅是指机构的产出，因此简单的基于产出的质量来进行赞扬或指责并不明智。

问题：比较的基准或标准是什么？

- 其他类似的组织？
- 先前的同一机构？
- 绝对标准？

问题：理想而言，你需要什么样的额外标准？

问题：机构的“消费者”是谁？如果存在，其是否受到了良好服务？其意见如何？

- 很常见的是公园管理者将公园使用者视作“消费者”。
- 纳税人是美国国税局的消费者吗？
- 学校的消费者是学生还是其家庭？

技　术

技术是一个容易引起迷惑的词语，通过实例来定义它通常比抽象的概念要好。

问题：机构使用服务送达技术的程度如何？常规技术？公民素质提升技术？项目技术？

- 服务送达技术：运输机构的车辆管理条款以及其他赞助者提供的便利设施，签名并邮寄社会保险支票，年度汽车保险登记等。
- 常规技术：命令和控制活动，比如环境监测和执法；职业安全与卫生署的管制；餐厅卫生状况监测。
- 公民素质提升技术：教育、见习、儿童关照服务。
- 项目技术：土地使用规划的保险，建造会议中心，针对年度流感为青少年注射疫苗。

问题：这种技术是强大还是微弱？

- 强大技术——比如社会保险支票签名技术——具有可复制性且可以用于各种情况。
- 微弱技术——比如咨询见习人员——不可复制，而且对社会背景和个体能力层次极为敏感。

你用于管理一个机构的结构和过程在某种程度上依赖于你所掌握的技术类型，部分出于技术原因，部分出于政治原因。当你应当对某个顾客提供服务的时候却采取了管理的态度，这通常会使你陷入麻烦之中，反之亦然。

问题：机构的权威结构是否与机构的使命、技术和人力资源相匹配？

问题：机构的内部分工是否与机构的使命、技术和人力资源相匹配？

问题：机构是否具有有效的措施——正式的和非正式的——用于创造跨边界的工作关系？

生产和传送过程

问题：机构执行其生产技术的主要流程如何，即如何产出？

这一问题比较复杂，因为其关注于联结组织活动的过程，这些活动包括人员以及其用于加工的物质材料，以及其转换物质材料的方式。

- 在环境以及其他类型的命令控制式的管制中，我们具有一系列的过程——“标准设置，监测是否符合标准，对不符合标准者进行威慑并处以实质惩罚”，这是威慑的复杂形式。
- 在福利项目中，这种过程通常涉及资格审查以及发放数额。

一线工作人员和合作生产者

问题：一线人员是否做好了工作？其是否胜任？是否受到了激励？是否受到了组织的充分支持？

问题：何种激励、监督、支持的制度能够激励、帮助并使其尽职尽责？机构的招聘方式是否确保机构能得到合格的人员？

问题：机构是否充分运用了属于一线人员的才智和信息？

问题：机构在什么程度上依赖合作生产者（没有被机构雇用，但在生产过程中分担机构任务的个人和组织）？

- 受福利机构帮助求职的福利接受者是福利机构的合作生产者。
- 父母和老师是儿童教育的合作生产者。
- 遵从环保标准的公司和环境监管机构是合作生产者。

问题：机构管理合作生产者的效果是否良好？其是否提供了恰当的工具？信息如何？激励如何？

合伙人与其他局外人

问题：机构在何种程度上依赖公共以及非营利关系的合作者以达成其使命？机构在管理这些关系方面是否有效？

问题：机构是否完全依赖利益取向的顾客？其对这些关系的管理是否有效？

问题：机构在处理与上级机关的关系方面是否恰当——如财政预算、人事、采购以及审计等部门？

集权化和分权化

问题：如果机构需要为多个地点提供服务（譬如学区），其是否能达成集权化和分权化的平衡？

问题：为促进绩效提高和实现成本控制，机构是否使用了内部预算编制程序进行激励？

文化和沟通

问题：机构是否拥有相对“强”或“弱”的文化？

- 强文化：美国海军、地方消防部门、森林服务部门、加州立法分析者办公室。
- 弱文化：诸多的临时公众健康服务部门以及城市中心公立学校。

问题：这种文化是平等的还是等级分明的？是过程取向的还是结果取向的，或者二者兼而有之？效率和成本最小化是否与这种文化相匹配？

问题：机构内的沟通是否受层级或部门界限的限制？人们是否可以自由地表达意见？机构内的企业家精神是否受到鼓励？

问题：高级管理人员是否尝试通过企业文化进行管理？其状况如何？

问题：机构是否崇尚创造性和创新精神？机构是否采取系统的努力以激励创造性和创新精神？

政　　治

问题：机构内是否存在派系？如果存在，这种派系是基于职业、意识形态还是官僚层级的分裂？还是基于其他因素？

问题：派系间的竞争或冲突是否降低了组织的绩效水平？通过激励措施或倡导良性竞争，能否促进组织绩效的提升？

问题：高级管理人员如何看待派系的存在？

领　　导

问题：如果存在的话，组织中的领导者是谁？

问题：领导者通过何种方式获得并保存其合法性？

问题：领导者在组织内发挥了何种作用？

问题：为实现领导职能，其运用了何种策略？

变　　革

问题：是否存在“持续改进”的文化——这种文化与全面质量管理运动相关，是否倡导从错误中学习？

问题：组织是否拥有审视周围环境中的机遇与挑战的能力和动机？其是否能有效应对？

附录 D

政治支持动态领域的策略建议

这本实践指南主要关注的是在公共利益领域所做出的政策分析的知识方面的问题。但是对知识的高度关注不应该掩盖这样一个事实，即政策的采纳过程往往受到各种利益相关者的推动和牵引，而通常不受理性分析的影响，并且，并非所有利益相关者都关心“公共利益”。

所有的政策都是政治性的，而不论这种政治是发生在密室里，还是发生在立法机关、组织或社区内。政策分析者必须赢得支持并压制对手。要做到这一点，在人际关系层面，你必须提出论点并反复认定“事实”、号召支持以及暗中施以威慑；在组织和机构的层面上，则必须动员同盟、操纵议程、争取妥协以及进行协商投票交易。

所有这些态度和影响的问题都涉及大量的计算和评估：哪个机构的预算将会增长？谁的势力范围将会减小？利益相关的支持者和反对者对核心决策者而言，其权重和影响力有多大？尽管这些都是你在工作中必须要考虑并试图去解决的问题，但是我在本书中将它们都忽略掉了。这些问题的基本答案都相当的简明，但是复杂的答案将会占用很大的篇幅。例如：机构会支持增加其预算并扩张其权力的政策吗？基本答案是“会支持”，复杂的回答是：通常是会支持的，但如果这种扩张会改变机构内部的权力关系，或者使机构处于可能的失败和批评当中，那么答案可能就是否定的。甚至更加复杂的回答是：……嗯，这个问题你可以凭想象力和经验来自行回答。

可能会有人认为这些态度和影响的问题都是静态分析的实例，新闻记者和政治学家在解释立法进程时会大量引用这样的案例。而我们的讨论仅限于动态分析进程，包括次序问题（在你做其他事情之前或之后应该做什么）和时机问题（在长达数月或数年的竞选活动中，什么事情应该早点做，什么事情应该晚点做）[①]。

基本假设是，我们可以基于对于竞选活动的一般知识列出一个“需做之事”的清单，然后判断在这一活动期间将会面临的机遇和威胁，最后将“需做之事”的清单映射到成功机会最大化的目标洪流当中。更准确地说，通过“需做之事”清单来实现的成功机会的最大化不仅仅指我们头脑中的成功，还要能够节约政治和其他资源，从而使其竞选活动能够继续利用这些资源。

下面让我们来讨论一个基本案例——政治家试图促成立法机构通过一项议案，而这一进程以及创新战略的一般框架也可以应用到与此大致类似的情况，比如试图在组织创新方面获得高级管理人员的支持。

首先，你需要从不同的利益集团那里（范围非常广泛，包括个体、团体和组织）积累支持[②]，只有获得足够支持的议案才能顺利通过。具体而言，考虑通过一项这样的议案，取消现行的对于吸毒者和小毒品贩子处以强制性最低处罚的条例，但同时保留对大毒枭的处罚。兰德公司关于这一案例的分析蕴含在附录A中。

假设你对活动的截止日期有一个模糊的感知，即大体上知道其将在哪一年、哪几个月会结束，并且能够在同盟者得出不值得支持提案、其他毒品政策更具有吸引力并更值得投入资源的结论之前，赢得同盟者强力支持的意愿。基本规则是这样的：如果你的议案在截止时积累了足够的支持，你就赢了；否则，你就输了。那么，次序和时机的战略战术应该如何部署呢？

① 有关一般动态分析的更详细讨论，请参阅 Bardach 2006；非常早期的工作，参阅 Bardach 1972。有关描述建立跨机构协作的动态的工作，请参阅 Bardach 2008。

② 从此处开始，我将“支持”的首字母大写并采用了斜体形式（原文为“*Support*”。——译者注）——它可能被整合进一个正式的模型，在此背景中需要更精确的定义。这样的术语相对而言比较少，但我相信其能构成经济且适宜的模型。此处，对我们的目的而言，文章背景和日常生活中的意思使这一概念足够明晰。

次 序

首先考虑次序问题，特别是能否先争取一些利益相关者，以使随后接触其他人在政治上更容易些。这些主要的利益相关者分别是：

- 同意兰德分析的毒品政策分析专家，以及稳健的、富于判断力的和意识形态相容的个人或群体，他们对于让人们的兴趣集中于提案的实用性和有效性方面有很大帮助。
- 取得具有内部层级结构的利益集团的关注，如州药物滥用机构或政治性政党组织，如果从专家或富有影响力的个人那里获得的支持降低，那么就需要从高层人物那里获得更多的认同和许可。
- 与特别重要的人物进行沟通，比如，会见议会刑事司法委员会的主席，当然这可能需要通过一系列的介绍和联络才能够达成。

时 机

时机的一个方面涉及试图刺激从众效应：尽早获得重要利益集团的支持，以此形成“成功将是唾手可得”的印象。为此我们应该关注赢面较大一方的利益，并且保持中立（至少是暂时的），以免利益相关者走向积极的反对面。

时机的其他方面更为微妙，假设你有一张竞选过程的大概且可靠的时间表，表中注明了在竞选的较早时期和较晚时期将会出现的威胁和机遇，那么你就可以按时间表来采取行动，以把握机会并消除威胁。你也可以对资源进行粗略的分配，计划出在早期使用某些资源来把握出现较早且稍纵即逝的机遇，以及保存一定的资源以应对预期在中期或晚期出现的威胁①，当然，如果你足够幸运的话，这些资源可能不会派上用场。

比如，在竞选活动的最初阶段，你需要赢得利益集团中的铁杆支持者和积极新成员的认可，他们是真正的同盟者。他们将在筹集资金、获取有形资源，如办公空间、出色职员、战略顾问以及沟通专家等方面提供帮助。

遗憾的是，呼吁强制性的最低刑期并不是一个足以吸引某个资源丰富的选区成为潜在盟友的好提案。你可能会发现一些毒品政策和刑事司法专家、草根

① 就逻辑而言，你可以尽可能地使早先出现的威胁或者机遇中立化。但就经验而言，我认为讨论这些的时机并未到来。

伦理倡导团体（他们认为，作为少数族裔，他们被不成比例地禁锢在现行法律之下），也有可能是州立大学体系（高等教育预算资金将逐渐转移到不断增加的监狱改造项目上），以及纳税人群体，更普遍地关注预算和税收负担。但无论他们的捐献受到何种限制，他们都是进入“商业”所必需的富有“市场资源”的联盟。实际上，在竞选活动的早期，对他们的需求使得你必须花费金钱、筹集政治性借款以及求取政治性支持（亦即，使你自己负债累累）。

在早期使用稀有资源的一个重要原因是：反对派还未动员起来（反对派可能包括，认为煽动“法律和命令”是有效的选举工具的政治家，从监狱改造项目中获利的承包商和分包商，依靠监狱过活的乡村社团，监狱看守团体），你和你的同盟者需要抓住这一阶段，发出你们的声音——讲述你们的故事，掀起对自己所在联盟的宣传浪潮。

那么反对派为何沉默呢？首先，其成员需要时间来组织自己，而且其中一些人可能暂时忙于其他重要的事情。但更重要的是，他们知道大多数的这种重大政策变革的尝试会胎死腹中，所以他们不必急于采取扼杀行动。冷漠、怀疑、安于现状以及我们的政治制度所特有的否决权特征（制约平衡），都为变革设定了一个很高的障碍。尽管这些反对派怀疑论者是正确的，但他们会给你一个短暂的阳光时刻，你最好抓住机会，即使这意味着要冒一定的风险。

随着对你的提案的支持的显著增加，反对派会试图进行反对动员。这将妨碍你说服尚未承诺的利益集团，甚至会迫使一些你认为原本会支持你的利益集团保持中立。

现在，是时候使用你所保存的有限（非再生）资源了，当然也许还需要借用一些将来要用到的资源，这些资源包括：

首先，债务——受惠的党派曾经收到你或你的同盟的恩惠，现在可要求其给予回报。

其次，采取政策妥协，即修改你的提案。在这种情况下，你可能需要扩大最初你对“大毒枭”的定义。

再次，向联盟的支持者暗示你对他们的期望——例如，我们现在处于同一阵线，如果有人能向某个议员打个电话，这将对我们的事业有极大的帮助。

最后，你可以通过求助创造尽可能多的债务（当然有一定限度，因为这是一种耗减性资源）。

特别注意：尽管使用这些资源会使成本大幅提升，但如果在这时候选择退却，损失会更严重。因为在政策方面的退却意味着放弃政策目标或目的，更严重的是，这种退却可能意味着对同盟者忠诚的背叛，也可能意味着放弃提案的一些基本要素（或许在早期，表示支持的种族倡议团体可能会因为“大毒枭”含义的扩大而与你疏离）。因此，在此期间，你处于一个十分敏感的、容易引起同盟者担忧的境地。

由于你可以预期到联盟会出现分离趋势，你就可以尽可能多地采取一些预防措施。在竞选活动的早期，设定对你和你的盟友而言价值相对较低的潜在让步条件（谈判筹码）——比如最开始对“大毒枭”设定极其严格的定义——对手则可能因此在这一阶段做出让步。积攒更多的盟友和支持者作为缓冲器，以应对恢复阶段因愤怒和失望而出现的背叛行为，塑造出团结的良好声誉以应对因冷漠和不忠而引起的猜疑。

在某种意义上，提案包含在议案当中，针对该议案的竞争也通过立法程序而得以构建，包括议事人员、议事规则和议事日程。关注的民众也会有所增加。早期阶段，其包括大多数的关注政策和资源以及与毒品和刑事司法相关的利益集团。现在，其扩展到议员（及议会工作人员），他们关心议案在党派、机构和人际竞争领域的应用。市场资源的下降和政治性资源的增加是密切相关的，都可以借助“选票交易”来操纵立法程序，从而扩大支持或抵消反对力量。在这里使用中立更为有效，比如，向狱警守卫联合会承诺在下一轮向他们增加工资的要求提供支持。

随着竞选日益临近尾声，结果也越来越清晰，可能的成功或失败也愈加明朗。联盟和对手双方都采取一些风险策略以分化抱有积极态度的受众，这可能会造成一些无法预期的影响。在这一具有高风险和极大不确定性的结束阶段，你可能会希望拥有更多的替代性资源，比如可回报的恩惠和道义支持，而这些都是可耗尽的。因此，将这些更具政治性和可替代性的资源保留到此时是明智的，即使它们在早期也可能很有用。需要注意的是，如果议长欠你一个人情，不到最后关头最好不要求助于他，因为他将是你手中的王牌。

参考文献

Allison, Graham. 1971. *Essence of Decision: Explaining the Cuban Missile Crisis.* Boston: Little, Brown.

Bardach, Eugene. 1972. *The Skill Factor in Politics: Repealing the Mental Commitment Laws in California.* Berkeley: University of California Press.

———. 1977. *The Implementation Game: What Happens after a Bill Becomes a Law.* Cambridge, Mass.: MIT Press.

———. 1997. Implementing a Paternalist Welfare-to-Work Program. In *The New Paternalism: Supervisory Approaches to Poverty,* ed. Lawrence Mead, 248–278. Washington, D.C.: Brookings Institution.

———. 1998. *Getting Agencies to Work Together: The Practice and Theory of Managerial Craftsmanship.* Washington, D.C.: Brookings Institution.

———. 2004. The Extrapolation Problem: How Can We Learn from the Experience of Others? *Journal of Policy Analysis and Management* 23 (Spring): 205–220.

———. 2006. Policy Dynamics. In *The Oxford Handbook of Public Policy,* ed. M. Moran, M. Rein, and R. E. Goodin, 336–366. Oxford, U.K.: Oxford University Press.

———. 2008. Developmental Processes: A Conceptual Exploration. In *Innovations in Government: Research, Recognition, and Replication,* ed. S. Borins, 113–137. Washington D.C.: Brookings Institution Press.

Barzelay, Michael. 1992. *Breaking through Bureaucracy: A New Vision for Managing in Government.* Berkeley: University of California Press.

Behn, Robert D., and James W. Vaupel. 1982. *Quick Analysis for Busy Decision-Makers.* New York: Basic Books.

Borins, Sandford. 1998. *Innovating with Integrity: How Local Heroes Are Transforming American Government.* Washington, D.C.: Georgetown University Press.

Dery, David. 1984. *Problem Definition in Policy Analysis.* Lawrence: University Press of Kansas.

Farkas, George. 1998. Reading One-to-One: An Intensive Program Serving a Great Many Students While Still Achieving Large Effects. In *Social Programs That Work,* ed. Jonathan Crane, 75–109. New York: Russell Sage Foundation.

Friedman, Lee S. 2002. *Microeconomic Policy Analysis.* Princeton, N.J.: Princeton University Press.

Glazer, Amihai, and Lawrence S. Rothenberg. 2001. *Why Government Succeeds and Why It Fails.* Cambridge, Mass.: Harvard University Press.

Greenwood, Peter H., Karyn E. Model, C. Peter Rydell, and James Chiesa. 1995. *Diverting Children from a Life of Crime: Measuring Costs and Benefits.* Santa Monica, Calif.: RAND Corporation.

Gupta, D. K. 2001. *Analyzing Public Policy: Concepts, Tools, and Techniques.* Washington, D.C.: CQ Press.

Lave, Charles A., and James G. March. 1975. *An Introduction to Models in the Social Sciences.* New York: Harper and Row.

Lempert, Robert J., Steven W. Popper, and Steven C. Bankes. 2003. *Shaping the Next One Hundred Years: New Methods for Quantitative, Long-Term Policy Analysis.* Santa Monica, Calif.: RAND Pardee Center.

MacRae, Duncan, Jr., and Dale Whittington. 1997. *Expert Advice for Policy Choice: Analysis and Discourse.* Washington, D.C.: Georgetown University Press.

Moore, Mark H. 1996. *Creating Public Value: Strategic Management in Government.* Cambridge, Mass.: Harvard University Press.

Morgan, M. Granger, and Max Henrion. 1990. *Uncertainty: A Guide to Dealing with Uncertainty in Quantitative Risk and Policy Analysis.* Cambridge, U.K.: Cambridge University Press.

Osborne, David, and Ted Gaebler. 1992. *Reinventing Government: How the Entrepreneurial Spirit Is Transforming the Public Sector.* Reading, Mass.: Addison-Wesley.

RAND Corporation. 1994. *Guidelines for Preparing RAND Briefings.* RAND publication no. CP(I)-269. Santa Monica, Calif.: RAND Corporation.

Rosenthal, Stephen R. 1982. *Managing Government Operations.* Boston: Little, Brown.

Salamon, Lester, ed. 2002. *The Tools of Government: A Guide to the New Governance.* New York: Oxford University Press.

Stokey, Edith, and Richard Zeckhauser. 1978. *A Primer for Policy Analysis.* New York: Norton.

Sutton, Michele. 2008. Graduation with Options: Recommendations for Designing and Implementing the American Diploma Project in California. University of California, Berkeley.

Victorio, Andres G. 1995. *Applied Models in Public Policy.* Manila: Ateneo de Manila University.

Weick, Karl E. 1979. *The Social Psychology of Organizing.* 2d ed. Reading, Mass.: Addison-Wesley.

Weimer, David L., and Aidan R. Vining. 2004. *Policy Analysis: Concepts and Practice.* 4th ed. Upper Saddle River, N.J.: Prentice Hall.

Zerbe, Richard O., Jr., and Howard E. McCurdy. 1999. The Failure of Market Failure. *Journal of Policy Analysis and Management* 18, no. 4: 558–578.

人大版公共管理类翻译（影印）图书

公共行政与公共管理经典译丛

书名	著译者	定价
公共管理名著精华："公共行政与公共管理经典译丛"导读	吴爱明　刘晶　主编	49.80 元
公共管理导论（第四版）	［澳］欧文·E. 休斯　著 张成福　马子博 等　译	48.00 元
政治学（第三版）	［英］安德鲁·海伍德　著 张立鹏　译	49.80 元
公共政策分析导论（第四版）	［美］威廉·N. 邓恩　著 谢明 等　译	49.00 元
公共政策制定（第五版）	［美］詹姆斯·E. 安德森　著 谢明 等　译	46.00 元
公共行政学：管理、政治和法律的途径（第五版）	［美］戴维·H. 罗森布鲁姆 等　著 张成福 等　译校	58.00 元
比较公共行政（第六版）	［美］费勒尔·海迪　著 刘俊生　译校	49.80 元
公共部门人力资源管理：系统与战略（第六版）	［美］唐纳德·E. 克林纳 等　著 孙柏瑛 等　译	58.00 元
公共部门人力资源管理（第二版）	［美］埃文·M. 伯曼 等　著 萧鸣政 等　译	49.00 元
行政伦理学：实现行政责任的途径（第五版）	［美］特里·L. 库珀　著 张秀琴　译　音正权　校	35.00 元
民治政府：美国政府与政治（第 23 版·中国版）	［美］戴维·B. 马格莱比 等　著 吴爱明 等　编译	58.00 元
比较政府与政治导论（第五版）	［英］罗德·黑格　马丁·哈罗普　著 张小劲 等　译	48.00 元
公共组织理论（第五版）	［美］罗伯特·B. 登哈特　著 扶松茂　丁力　译　竺乾威　校	32.00 元
公共组织行为学	［美］罗伯特·B. 登哈特 等　著 赵丽江　译	49.80 元
组织领导学（第七版）	［美］加里·尤克尔　著 丰俊功　译	78.00 元
公共关系：职业与实践（第四版）	［美］奥蒂斯·巴斯金 等　著 孔祥军 等　译　郭惠民　审校	68.00 元
公用事业管理：面对 21 世纪的挑战	［美］戴维·E. 麦克纳博　著 常健 等　译	39.00 元
公共预算中的政治：收入与支出，借贷与平衡（第四版）	［美］爱伦·鲁宾　著 叶娟丽　马骏 等　译	39.00 元
公共行政学新论：行政过程的政治（第二版）	［美］詹姆斯·W. 费斯勒 等　著 陈振明 等　译校	58.00 元
公共部门战略管理	［美］保罗·C. 纳特 等　著 陈振明 等　译校	49.00 元
公共行政与公共事务（第十版·中文修订版）	［美］尼古拉斯·亨利　著 孙迎春　译	68.00 元
案例教学指南	［美］小劳伦斯·E. 林恩　著 郄少健 等　译　张成福 等　校	39.00 元
公共管理中的应用统计学（第五版）	［美］肯尼思·J. 迈耶 等　著 李静萍 等　译	49.00 元
现代城市规划（第五版）	［美］约翰·M. 利维　著 张景秋 等　译	39.00 元
非营利组织管理	［美］詹姆斯·P. 盖拉特　著 邓国胜 等　译	38.00 元

书名	著译者	定价
公共财政管理：分析与应用（第九版）	［美］约翰·L. 米克塞尔　著 苟燕楠　马蔡琛　译	138.00 元
公共行政学：概念与案例（第七版）	［美］理查德·J. 斯蒂尔曼二世　编著 竺乾威 等　译	75.00 元
公共管理研究方法（第五版）	［美］伊丽莎白森·奥沙利文 等　著 王国勤 等　译	79.00 元
公共管理中的量化方法：技术与应用（第三版）	［美］苏珊·韦尔奇 等　著 郝大海 等　译	39.00 元
公共部门绩效评估	［美］西奥多·H. 波伊斯特　著 肖鸣政 等　译	45.00 元
公共管理的技巧（第九版）	［美］乔治·伯克利 等　著 丁煌　主译	59.00 元
领导学：理论与实践（第五版）	［美］彼得·G. 诺斯豪斯　著 吴爱明　陈爱明　陈晓明　译	48.00 元
领导学（亚洲版）	［新加坡］林志颂 等　著 顾朋兰 等　译　丁进锋　校译	59.80 元
领导学：个人发展与职场成功（第二版）	［美］克利夫·里科特斯　著 戴卫东 等　译　姜雪　校译	69.00 元
二十一世纪的公共行政：挑战与改革	［美］菲利普·J. 库珀 等　著 王巧玲　李文钊　译　毛寿龙　校	45.00 元
行政学（新版）	［日］西尾胜　著 毛桂荣 等　译	35.00 元
比较公共行政导论：官僚政治视角（第六版）	［美］B. 盖伊·彼得斯　著 聂露　李姿姿　译	49.80 元
理解公共政策（第十二版）	［美］托马斯·R. 戴伊　著 谢明　译	45.00 元
公共政策导论（第三版）	［美］小约瑟夫·斯图尔特 等　著 韩红　译	35.00 元
公共政策分析：理论与实践（第四版）	［美］戴维·L. 韦默 等　著 刘伟　译校	68.00 元
公共政策分析案例（第二版）	［美］乔治·M. 格斯　保罗·G. 法纳姆　著 王军霞　贾洪波　译　王军霞　校	59.00 元
公共危机与应急管理概论	［美］迈克尔·K. 林德尔 等　著 王宏伟　译	59.00 元
公共行政导论（第六版）	［美］杰伊·M. 沙夫里茨 等　著 刘俊生 等　译	65.00 元
城市管理学：美国视角（第六版·中文修订版）	［美］戴维·R. 摩根 等　著 杨宏山　陈建国　译　杨宏山　校	56.00 元
公共经济学：政府在国家经济中的作用	［美］林德尔·G. 霍尔库姆　著 顾建光　译	69.80 元
公共部门管理（第八版）	［美］格罗弗·斯塔林　著 常健 等　译　常健　校	75.00 元
公共行政学经典（第七版·中国版）	［美］杰伊·M. 沙夫里茨　艾伯特·C. 海德　主编 刘俊生　译校	148.00 元
理解治理：政策网络、治理、反思与问责	［英］R. A. W. 罗兹　著 丁煌　丁方达　译　丁煌　校	69.80 元
政治、经济与福利	［美］罗伯特·A. 达尔　查尔斯·E. 林德布洛姆　著 蓝志勇 等　译	98.00 元
新公共服务：服务，而不是掌舵（第三版）	［美］珍妮特·V. 登哈特　罗伯特·B. 登哈特　著 丁煌　译　方兴　丁煌　校	39.00 元

书名	著译者	定价
议程、备选方案与公共政策（第二版·中文修订版）	[美] 约翰·W. 金登 著 丁煌 方兴 译 丁煌 校	49.00 元
政策分析八步法（第三版）	[美] 尤金·巴达克 著 谢明 等 译 谢明 等 校	48.00 元
新公共行政	[美] H. 乔治·弗雷德里克森 丁煌 方兴 译 丁煌 校	23.00 元
公共行政的精神（中文修订版）	[美] H. 乔治·弗雷德里克森 著 张成福 等 译 张成福 校	48.00 元
官僚制内幕（中文修订版）	[美] 安东尼·唐斯 著 郭小聪 等 译	49.80 元
民营化与公私部门的伙伴关系（中文修订版）	[美] E. S. 萨瓦斯 周志忍 等 译	59.00 元
行政伦理学手册（第二版）	[美] 特里·L. 库珀 主编 熊节春 译 熊节春 熊碧霞 校	168.00 元
政府绩效管理：创建政府改革的持续动力机制	[美] 唐纳德·P. 莫伊尼汗 著 尚虎平 杨娟 孟陶 译 孟陶 校	69.00 元
后现代公共行政：话语指向（中文修订版）	[美] 查尔斯·J. 福克斯 等 著 楚艳红 等 译 吴琼 校	38.00 元
公共行政的合法性：一种话语分析（中文修订版）	[美] O. C. 麦克斯怀特 著 吴琼 译	45.00 元
公共行政的语言：官僚制、现代性和后现代性（中文修订版）	[美] 戴维·约翰·法默尔 著 吴琼 译	56.00 元
领导学	[美] 詹姆斯·麦格雷戈·伯恩斯 著 常健 孙海云 等 译 常健 校	69.00 元
官僚经验：后现代主义的挑战（第五版）	[美] 拉尔夫·P. 赫梅尔 著 韩红 译	39.00 元
制度分析：理论与争议（第二版）	[韩] 河连燮 著 李秀峰 柴宝勇 译	48.00 元
公共服务中的情绪劳动	[美] 玛丽·E. 盖伊 等 著 周文霞 等 译	38.00 元
预算过程中的新政治（第五版）	[美] 阿伦·威尔达夫斯基 等 著 苟燕楠 译	58.00 元
公共行政中的价值观与美德：比较研究视角	[荷] 米歇尔·S. 德·弗里斯 等 主编 熊缨 耿小平 等 译	58.00 元
公共决策中的公民参与	[美] 约翰·克莱顿·托马斯 著 孙柏瑛 等 译	28.00 元
再造政府	[美] 戴维·奥斯本 等 著 谭功荣 等 译	45.00 元
构建虚拟政府：信息技术与制度创新	[美] 简·E. 芳汀 著 邵国松 译	32.00 元
突破官僚制：政府管理的新愿景	[美] 麦克尔·巴泽雷 著 孔宪遂 等 译	25.00 元
政府未来的治理模式（中文修订版）	[美] B. 盖伊·彼得斯 著 吴爱明 等 译 张成福 校	38.00 元
无缝隙政府：公共部门再造指南（中文修订版）	[美] 拉塞尔·M. 林登 著 汪大海 等 译	48.00 元
公民治理：引领 21 世纪的美国社区（中文修订版）	[美] 理查德·C. 博克斯 著 孙柏瑛 等 译	38.00 元
持续创新：打造自发创新的政府和非营利组织	[美] 保罗·C. 莱特 著 张秀琴 译 音正权 校	28.00 元

书名	著译者	定价
政府改革手册：战略与工具	［美］戴维·奥斯本 等 著 谭功荣 等 译	59.00 元
公共部门的社会问责：理念探讨及模式分析	世界银行专家组 著 宋涛 译校	28.00 元
公私合作伙伴关系：基础设施供给和项目融资的全球革命	［英］达霖·格里姆赛 等 著 济邦咨询公司 译	29.80 元
非政府组织问责：政治、原则与创新	［美］丽莎·乔丹 等 主编 康晓光 等 译 冯利 校	32.00 元
市场与国家之间的发展政策：公民社会组织的可能性与界限	［德］康保锐 著 隋学礼 译校	49.80 元
建设更好的政府：建立监控与评估系统	［澳］凯思·麦基 著 丁煌 译 方兴 校	30.00 元
新有效公共管理者：在变革的政府中追求成功（第二版）	［美］史蒂文·科恩 等 著 王巧玲 等 译 张成福 校	28.00 元
驾御变革的浪潮：开发动荡时代的管理潜能	［加］加里斯·摩根 著 孙晓莉 译 刘霞 校	22.00 元
自上而下的政策制定	［美］托马斯·R. 戴伊 著 鞠方安 等 译	23.00 元
政府全面质量管理：实践指南	［美］史蒂文·科恩 等 著 孔宪遂 等 译	25.00 元
公共部门标杆管理：突破政府绩效的瓶颈	［美］帕特里夏·基利 等 著 张定淮 译校	28.00 元
创建高绩效政府组织：公共管理实用指南	［美］马克·G. 波波维奇 主编 孔宪遂 等 译 耿洪敏 校	23.00 元
职业优势：公共服务中的技能三角	［美］詹姆斯·S. 鲍曼 等 著 张秀琴 译 音正权 校	19.00 元
全球筹款手册：NGO 及社区组织资源动员指南（第二版）	［美］米歇尔·诺顿 著 张秀琴 等 译 音正权 校	39.80 元

公共政策经典译丛

书名	著译者	定价
公共政策评估	［美］弗兰克·费希尔 著 吴爱明 等 译	38.00 元
公共政策工具——对公共管理工具的评价	［美］B. 盖伊·彼得斯 等 编 顾建光 译	29.80 元
第四代评估	［美］埃贡·G. 古贝 等 著 秦霖 等 译 杨爱华 校	39.00 元
政策规划与评估方法	［加］梁鹤年 著 丁进锋 译	39.80 元

当代西方公共行政学思想经典译丛

书名	编译者	定价
公共行政学中的批判理论	戴黍 牛美丽 等 编译	29.00 元
公民参与	王巍 牛美丽 编译	45.00 元
公共行政学百年争论	颜昌武 马骏 编译	49.80 元
公共行政学中的伦理话语	罗蔚 周霞 编译	45.00 元

公共管理英文版著作

书名	作者	定价
公共管理导论（第四版）	［澳］Owen E. Hughes （欧文·E. 休斯） 著	45.00 元
理解公共政策（第十二版）	［美］Thomas R. Dye （托马斯·R. 戴伊） 著	34.00 元
公共行政学经典（第五版）	［美］Jay M. Shafritz （杰伊·M. 莎夫里茨）等 编	59.80 元
组织理论经典（第五版）	［美］Jay M. Shafritz （杰伊·M. 莎夫里茨）等 编	46.00 元
公共政策导论（第三版）	［美］Joseph Stewart，Jr. （小约瑟夫·斯图尔特）等 著	35.00 元
公共部门管理（第九版·中国学生版）	［美］Grover Starling （格罗弗·斯塔林） 著	59.80 元
政治学（第三版）	［英］Andrew Heywood （安德鲁·海伍德） 著	35.00 元
公共行政导论（第五版）	［美］Jay M. Shafritz （杰伊·M. 莎夫里茨）等 著	58.00 元
公共组织理论（第五版）	［美］Robert B. Denhardt （罗伯特·B. 登哈特） 著	32.00 元
公共政策分析导论（第四版）	［美］William N. Dunn （威廉·N. 邓恩） 著	45.00 元
公共部门人力资源管理：系统与战略（第六版）	［美］Donald E. Klingner （唐纳德·E. 克林纳）等 著	48.00 元
公共行政与公共事务（第十版）	［美］Nicholas Henry （尼古拉斯·亨利） 著	39.00 元
公共行政学：管理、政治和法律的途径（第七版）	［美］David H. Rosenbloom （戴维·H. 罗森布鲁姆）等 著	68.00 元
公共经济学：政府在国家经济中的作用	［美］Randall G. Holcombe （林德尔·G. 霍尔库姆） 著	62.00 元
领导学：理论与实践（第六版）	［美］Peter G. Northouse （彼得·G. 诺斯豪斯） 著	45.00 元

A Practical Guide for Policy Analysis: The Eightfold Path to More Effective Problem Solving, 3e by Eugene Bardach
政策分析八步法（第三版）
CQ Press is a division of SAGE and a registered trademark of Congressional Quarterly Inc.

世哲出版社为本书在美国、英国、新德里首次出版的出版社。

图书在版编目（CIP）数据

政策分析八步法：第三版/（美）尤金·巴达克（Eugene Bardach）著；谢明，肖燕，刘玮译. —北京：中国人民大学出版社，2019.11
（公共行政与公共管理经典译丛）
书名原文：A Practical Guide for Policy Analysis：The Eightfold Path to More Effective Problem Solving
“十三五”国家重点出版物出版规划项目
ISBN 978-7-300-23875-3

Ⅰ.①政… Ⅱ.①尤…②谢…③肖…④刘… Ⅲ.①公共政策-政策分析-研究-美国 Ⅳ.①D771.222

中国版本图书馆 CIP 数据核字（2017）第 008826 号

公共行政与公共管理经典译丛
政策分析八步法（第三版）
［美］尤金·巴达克（Eugene Bardach） 著
谢明 肖燕 刘玮 译
谢明 刘月怡 校
Zhengce Fenxi Ba Bu Fa

出版发行	中国人民大学出版社		
社　　址	北京中关村大街 31 号	邮政编码	100080
电　　话	010－62511242（总编室）		010－62511770（质管部）
	010－82501766（邮购部）		010－62514148（门市部）
	010－62515195（发行公司）		010－62515275（盗版举报）
网　　址	http://www.crup.com.cn		
经　　销	新华书店		
印　　刷	北京捷迅佳彩印刷有限公司		
开　　本	787 mm×1092 mm　1/16	版　　次	2020 年 1 月第 1 版
印　　张	8.75 插页 2	印　　次	2025 年 1 月第 4 次印刷
字　　数	145 000	定　　价	68.00 元